Jürgen Döllmann, Andreas Heek, Hans Prömper (Hg.)

Männer
Gezeiten

Jürgen Döllmann, Andreas Heek,
Hans Prömper (Hg.)

Männer Gezeiten

Inspirationen für ein intensives Leben

HERDER
FREIBURG · BASEL · WIEN

MIX
Papier aus verantwortungsvollen Quellen
FSC® C014496

www.herder.de

Die Bibelverse wurden, soweit nicht anders angegeben, folgender Ausgabe entnommen:

Die Bibel. Die Heilige Schrift des Alten und Neuen Bundes. Vollständige deutsche Ausgabe
© Verlag Herder, Freiburg im Breisgau 2005

Darüber hinaus wurden einzelne Verse von den Autoren frei übersetzt.

Illustrationen im Innenteil: © Very Well / GettyImages

Satz: Röser MEDIA GmbH & Co. KG, Karlsruhe
Herstellung: GGP Media GmbH, Pößneck

Printed in Germany

ISBN Print 978-3-451-39321-1
ISBN E-Book (EPUB) 978-3-451-82783-9

Inhalt

Vorwort / Einführung

Hinführung. Was will dieses Buch?

Männer in den Gezeiten und Wechselbädern des Lebens. Davon handelt dieses Buch. Von Männern – für Männer. Und für alle, die sich für deren Befinden interessieren: Frauen, Söhne, Töchter, Partner, Partnerinnen, Eltern …

Das Buch versammelt authentische, erzählende, persönliche Erfahrungsberichte und Gedanken zum Leben von Männern. Es möchte anregen zu Ehrlichkeit und Offenheit sich selbst und anderen gegenüber; im besten Fall regt es zu Handlungsfähigkeit in Krisen, zu einem Mehr an Glaubwürdigkeit und Partnerschaftlichkeit etc. an.

Angesprochen werden Lebenssituationen und Themen wie Burnout, Väterlichkeit, Krankheit, Natur, Körper, Partnerschaft, Altern, Freunde, Tod, Scheitern, Sexualität, Lebensfreude, Geborgenheit, Lebenssinn, Abenteuer, Erfolg, Einsamkeit, Pflege, Autonomie, Fühlen, Trauer, Wut, Selbstsorge, Sinn, Glauben … Ja, eben: die Gezeiten und Wechselbäder des Lebens, in denen sich Männer bewegen.

Die Texte vermitteln Impulse und Anregungen zu Besinnung, Unterbrechung und Spüren, zu Selbstreflexion, Auszeit und Neuorientierung – und allem anderen, was beim Lesen einfällt.

Kurze Fachbeiträge, eine Literaturliste und Internet-Links verorten die persönlichen Beiträge im gesellschaftlichen und fachlichen Kontext. Und sie bieten Anregungen zur weiteren Auseinandersetzung mit interessanten Männerfragen.

Hintergrund und Herausgeber

Seit 2007 erscheinen jährlich zwischen Aschermittwoch und Ostern einmal wöchentlich „Fastenimpulse für Männer" per E-Mail. Mittlerweile sind es über einhundert. Zeugnisse und Erfahrungen teils sehr unterschiedlicher Autoren aus dem Umfeld der Seelsorge, Bildungsarbeit, Beratung und Gruppenarbeit mit Männern. Texte zu Lebensfragen und spirituelle Anregungen, die sich an jährlichen Oberthemen und biblischen Texten orientieren. Jahresthemen waren z. B. „Gönne dich dir selbst", „Höre auf dein Herz, Bruder", „Mir selbst Freund sein", „Scheitern und andere Sackgassen", „Lebendigkeit und ihre Quellen". Diese Fastenimpulse haben aktuell ca. 2.200 Abonnent*innen. Ungefähr 60 dieser Beiträge möchten wir nun als Buch veröffentlichen. Die Autoren dieser Impulse haben sich die Aufgabe gestellt, persönliche Erfahrungen menschlich und spirituell zu reflektieren. Erlebnisse haben sie in Poesie verwandelt, in der sich das Herz der schreibenden Männer zeigt. Nicht die gelackte oder teflonbeschichtete Männlichkeit erscheint, sondern eine Echtheit und Ehrlichkeit, die das Leben ihnen schenkt – oder zumutet.

Wir Herausgeber verfügen über unterschiedliche Hintergründe, Erfahrungen und Expertisen in den Feldern Erwachsenen- und Männerbildung, Beratung und Seelsorge, Hochschule und bürgerschaftliches Engagement. Unser gemeinsames Interesse liegt in unverstellten, zugewandten und kritischen Perspektiven auf Männer. Durchaus mit Humor und Witz, aber immer orientiert an der möglichen Fülle des Lebens.

Lesehilfe und Nutzen

Das Buch kann unterschiedlich gelesen werden. Nach Themen sortiert kann es, je nach Gemütszustand und Lebenslage, Anregungen geben. Es kann als persönlicher Wegbegleiter zu Urlaub, Sabbatical oder Exerzitien mitgenommen werden. Oder es liegt auf dem Nachttisch, um jeden Tag einen Impuls mit in die Nacht zu nehmen oder beim Wachwerden ein „Fest der Auf(er)stehung" zu feiern.

Apropos Auferstehung: Aus einigen besonders prägnanten Impulsen haben wir Herausgeber eine eigene Fastenzeit zusammengestellt, die ebenfalls für die nächstkommende genutzt werden kann. Einige Fachaufsätze versuchen darüber hinaus, aktuelle Fragestellungen der Männerforschung auf den Punkt zu bringen. Das Buch lädt also bewusst zu kursorischem Lesen ein, je nach Lust und Freude.

Es richtet sich dabei an Interessierte ebenso wie an Fachkräfte in Bildung, Beratung, Seelsorge, sozialer Arbeit etc.

Kontext: Männlichkeiten in Politik und Gesellschaft

Spätestens seit den 90er-Jahren des letzten Jahrhunderts setzt sich die emanzipatorische Männerbewegung theoretisch und praktisch mit den notwendigen Veränderungen von Männlichkeiten und Geschlechterbeziehungen auseinander. Die katholische Männerarbeit und Männerseelsorge ist diesen Weg nicht nur mitgegangen, sondern hat ihn in ökumenischer Brüderlichkeit aktiv mitgestaltet. Wichtig war die Förderung einer je individuellen Männlichkeit, also die Erweiterung eines Freiheitsraums für Männer. Damit verband sich die Erkenntnis, dass nur die Eindämmung schädlicher Männerbilder und die Überwindung einseitiger und missbräuchlicher Orientierungen an den „starken Seiten" von Männlichkeiten es Männern ermöglicht, wirklich sie selbst zu werden. Diesem Weg bleibt die katholische Männerarbeit weiterhin verbunden.

Viele sind in den letzten Monaten aus den Träumen einer entwaffneten, zivilisierten und fürsorglichen Männlichkeit herausgefallen. Sie sind erwacht in einer neuen Wirklichkeit, in der Waffengewalt zur Eroberung (und Verteidigung) eines Landes eingesetzt wurde. Männer hierzulande sehen ihre Geschlechtsgenossen, zum Teil im Alter ihrer eigenen, gerade erwachsenen Kinder, in der Ukraine kämpfen und sterben. Diese wissen oftmals nicht einmal, wofür sie ihr Leben geben. Viele Ältere erleben ein Déjà-vu der beiden letzten Weltkriege. Sie hatten sich mit den Zurichtungen der Männer für die aggressiven Ziele autoritärer und faschistischer Staatsführungen auseinandergesetzt. Sie wollten ein „Nie wieder!" Und nun? Was wird nun aus dem anti-heroischen, den Frieden liebenden Mann, der Gewalt zutiefst ablehnt – und nun trotzdem dazu herausgefordert wird?

Dieses Buch wird darauf meist nur indirekt Antworten anbieten. Die Herausgeber möchten deshalb einen anderen Weg gehen als den des Diskurses und der Debatte. Sie wollen den geneigten Mann (und die interessierte Frau) deshalb mit an den Strand nehmen. Sie möchten auf den Horizont verweisen, der von diesem Strand aus sichtbar wird. Dieser Horizont ist der Ort Gottes und des Sinns. In der Leere und der Weite kann sich auftun, was wichtig und gleichzeitig unverfügbar ist.

Motivation: Religion und Spiritualität

Was war uns als Herausgebern in religiöser Hinsicht wichtig? Über die vielen Jahre der Redaktion der Fastenimpulse konnten wir eine Wandlung spiritueller Deutungen von Männerleben beobachten. Während anfangs ausgehend von biblischen Texten versucht wurde, die Folie der persönlichen Männlichkeit im Licht der Bibel zu betrachten, so kristallisierte sich mit den Jahren immer mehr heraus, dass das Leben selbst schon Aufschluss der göttlichen Wirklichkeit ist. Es gibt nämlich nur eine Wirklichkeit. In dieser ist der Mann schon Subjekt göttlichen Handelns, auch wenn seine Vollendung noch in den Sternen steht. Wenn nun seine Erfahrung niedergelegt und nacherzählt wird, handelt es sich um einen Teil göttlicher Offenbarung. Der Schreiber des Impulses gibt sein Bestes, Reichstes und Schönstes, um andere daran teilhaben zu lassen. Das ist vielleicht die besondere Qualität eines Buches, in dem nicht gespart wird – wie sonst mitunter im Männerleben – mit Gefühlen, Eindrücken und Subjektivität. Somit erhebt es auch nicht den Anspruch auf Vollständigkeit oder einer endgültige religiösen Deutung der Wirklichkeit. Es bekennt sich zur Vorläufigkeit und zur ständigen Bewegung. Eben so, wie die Gezeiten Ausdruck vollständiger Unvollständigkeit der Welt sind.

Unter den Füßen spürt dieser Mann beim Lesen vielleicht den warmen Sand, und wenn er lang genug bleibt, auch die Kraft der Gezeiten: Mal ist das Meer weit weg, mal umspült es seine Füße. Mal steht er vor dem Nichts, dann ist das Meer wie eine Wüste. Mal spürt er den Wind, hört die Lebendigkeit des Meeres, ahnt die mögliche Fülle des eigenen Lebens in seiner Gänze.

Wir wünschen allen Leser*innen heilsame und inspirierende Zeiten am Strand, im Fluss der Gezeiten!

Im Juni 2022
Jürgen Döllmann, Andreas Heek und Hans Prömper

Kapitel 1:

Krisen

Das Neue schmecken

Einen neuen Lebensabschnitt beginnen, an einem anderen Ort neu anfangen, eine neue Beziehung beginnen, ein neues berufliches oder privates Projekt starten. Es gibt große und kleine Neuaufbrüche während eines Lebens. Nicht immer in der Tragweite und in der Konsequenz wie bei den Menschen, die aufgrund von Flucht und Vertreibung bei uns ein komplett neues Leben beginnen wollen oder müssen. Bei mir war es vor einigen Jahren ein beruflicher Wechsel nach über zwanzig Jahren Tätigkeit auf der alten Stelle. Am letzten Tag das alte Büro noch aufgeräumt und verlassen, einen Tag später das neue bezogen und gleich mittendrin. Irgendwie übergangslos. Keine Zeit, das Neue bewusst zu beginnen. So ist das manchmal. Und für den Beruf gilt es vielleicht in besonderer Weise. Wir Männer sind im Übrigen ja auch sonst gewohnt, möglichst schnell wieder zur Tagesordnung überzugehen.

Mit meiner Frau, meinen Söhnen und einem guten Freund war ich am Ende meiner ersten Arbeitswoche auf der neuen Stelle in einem schönen Restaurant zum Abendessen. Um im wahrsten Sinne des Wortes zu schmecken: Beruflich hat für mich ein neuer Abschnitt begonnen. Dieser Abend war für mich wichtig. Im Nachhinein merke ich auch, wie sehr. Und ich denke mit Blick auf die erste Lesung des heutigen Fastensonntags: Auch die Israeliten im Land Kanaan schmecken zum ersten Mal so richtig das Neue, als sie die Erträge der ersten Ernte genießen können. Das Manna, das Gott ihnen gegeben hat und das ihr Überleben in der Wüste gesichert hat, brauchen sie nun nicht mehr. Die alte Zeit der Wüstenwanderung ist durch etwas Neues abgelöst worden.

Mir Freund sein: Für mich heißt das auch, mir die Zeit zu nehmen, Neues in meinem Leben wahrzunehmen und es nicht achtlos und unter Zeitdruck zu beginnen. Zwei Anregungen können vielleicht helfen, dass dies in dieser Fastenzeit gelingt:

- Am Anfang steht ein kurzes Nachdenken: Was steht eigentlich in den nächsten Wochen bei mir an Neuem an? Habe ich mir schon Gedanken gemacht, wie ich das Neue beginnen will? Geht es mal wieder hoppla hopp, von einem Projekt ohne Atempause zum nächsten? Will ich das eigentlich so, oder brauche ich für mich mehr Zeit, um einen guten Übergang zu haben?

- Dann ist es gut, mit mir eine klare Vereinbarung zu treffen: Ich schaffe mir den Raum und die Zeit zur Unterbrechung, um mich auf das Neue einzustimmen. Das muss nicht lange dauern, und dafür muss ich auch nicht weit in die Ferne reisen. Aber ich möchte bewusst schmecken, fühlen, spüren: Altes hört auf, Neues beginnt. Ja, das kann ein gutes Abendessen sein mit Menschen, die mir viel bedeuten. Vielleicht ist es auch eine Wanderung in der Natur, die ich allein unternehme, um den Kopf freizubekommen. Oder es könnte ein Aufenthalt in einem Kloster sein, das mit seinen festen Rhythmen an Gebetszeiten Raum bietet, dass das Neue bei mir ankommt.

Andreas Ruffing (2016)

Aufbruch ins Ungewisse

Ca. neun Jahre ist es her. Da verlor ich die Sicherheit für meine Lebensplanung. Meine Ehe ging auseinander, und damit brach für mich eine Welt zusammen. Ich war verwirrt, unsicher und eine ganze Zeit orientierungslos. Neben dem Grübeln, den unvermeidlichen Fragen nach dem „Warum?" und auch Momenten der Wut war es vor allem eine Zeit der Trauer. Aber dann kamen weitere Fragen: Wo führt mich das alles hin? Was erwartet mich, und wie gehe ich damit um? Eines wusste ich, ich wollte in dem Loch nicht gefangen bleiben, ich wollte da raus. Aufbrechen!

Viele haben solche Situationen erlebt, die unerwartet und nicht geplant uns ganz woandershin führen als früher gedacht. Der Tod der Partnerin, des Partners oder eines lieben nahestehenden Menschen, schwere Krankheit, Verlust des Arbeitsplatzes oder andere Schicksalsschläge können das auslösen. Und es gibt auch Fälle, da treibt es uns aus ganz anderen Gründen zu einem Aufbruch, bei dem wir das Ziel nicht kennen. Eine neue Stelle zum Beispiel, Herausforderungen im

Beruf oder in der Familie, ein Umzug aus vertrauter Umgebung oder Ähnliches. Wie gehen wir damit um? Gibt es etwas, das uns in einer Situation des Aufbruchs ins Ungewisse Halt gibt?

Im Alten Testament (Genesis 12,1-4a) wird von einem grundlegenden Aufbruch berichtet. Abraham, der aus seinem Land und seinem Vaterhaus wegzieht, Freunde und Verwandte verlässt, wird in der Situation des Aufbruchs von Gott gesegnet. Gott will ihn zu einem großen Volk machen, und Gott verheißt ihm: Ein Segen sollst du sein.

Bei meinem Aufbruch ins Ungewisse ist in mir das Gefühl gewachsen, Gott hört mich, er stärkt mir den Rücken und gibt mir Halt. Ich fühlte mich nicht von Gott verlassen, sondern ich habe erfahren dürfen, das Ungewisse muss mir keine Angst machen. Ich darf auf Gutes hoffen, auf guten Segen. Auf diese Sicherheit kann ich vertrauen.

Meine Impulsvorschläge für die nächste Zeit:

1. Sich Zeit nehmen und sich erinnern: Wo habe ich Zeiten der Veränderung, des Richtungswechsels in meinem Leben erfahren; was hat mich damals angetrieben, wie habe ich das erlebt und welche Erfahrungen habe ich gemacht?
2. Und es müssen ja nicht immer die großen Umbrüche sein, es gibt auch die kleineren Aufbrüche aus dem Alltag. Vielleicht einfach mal losziehen, sich treiben lassen. Vielleicht finde ich einen interessanten Ort, habe gute Begegnungen, erlebe Neues ...

Christoph Hefter (2020)

Mir selbst Freund sein

Uns selbst gegenüber freundlicher sein? Mir selbst Freund sein. Das meint auch einen Weg nach innen. Für viele Männer ein schwerer Gang. Denn unsere Herzen, die haben wir vielleicht an vieles im Außen gehängt: An die Kinder, die Partnerin, die

Arbeit, an eine fixe Idee vom richtigen Leben. Oder doch eher an Auto, Haus, Aktienpaket, Fußball oder dergleichen.

In den letzten Monaten und Jahren konnten wir noch von ganz anderen Herzensangelegenheiten lesen, denen sich Männer verschrieben: Ingenieure manipulieren Abgaswerte, um nicht immer so schwach dazustehen. Banker verabreden Zinsen, um der Konkurrenz voraus zu sein. Sportfunktionäre bestechen, um Großereignisse wie eine WM oder Siege zu erzielen. Kirchenleute verweigern sich der Aufklärung von Missbrauch, weil sie um den Bestand des Systems fürchten. Meistens sind es Männer, die hier ihr Herz an eine Sache binden. Oft zu sehr an eine Sache binden.

Diese Bindung zerreißen, loslassen? Mich nicht größer machen, als ich bin. Einer unangenehmen Wahrheit ins Gesicht schauen. Mir eingestehen, dass ich mich in eine Sackgasse verrannt habe. Zu meiner Schwäche stehen. Das ist manchmal verdammt schwer.

Aber nur mit solcher Ehrlichkeit kann ich mir selbst Freund sein. Und erfahren, wer mir wirklich ein Freund ist. Und Erbarmen spüren. Das mir zum Segen werden kann. Traue ich mich das? Kann ich das? Mir selbst ein Freund sein. Mich mir selbst zuwenden. Mich mit freundlichen Augen anschauen. In allem, was mich quält. In allem, was andere nervt. Das ist manchmal leichter gesagt als getan.

Dazu drei Anregungen für die nächsten Tage. Ich nehme mir etwas Zeit für mich allein, vielleicht 15 Minuten. Optimal immer nur für eine (!) dieser drei Fragen:

1. Antreiber checken: Auf welche meiner inneren Antreiber oder Kritiker könnte ich gerne einmal verzichten? Wo bin ich mit mir selbst unbarmherzig, streng, bewertend? Wo hadere ich mit mir? Wo treibe ich mich weg von der Annahme meiner selbst? Weil ich zum Beispiel viel lieber auf verpasste Chancen oder alte Fehler schaue.
2. Ehrlich sein: Wo würde mir in meinem Leben etwas mehr Ehrlichkeit guttun? Wo will ich zum Beispiel nicht sehen, dass etwas vergangen ist: eine Lebensphase, ein Engagement, eine Beziehung …? Oder dass etwas nicht mehr zu mir passt: eine Überzeugung, ein Selbstbild, mein Stolz …?

3. Segen erbitten: Wofür möchte ich mir Segen erbitten? Gerade wenn ich eine Sache nicht mehr in der Hand habe! Gerade weil ich mich von etwas verabschieden muss! Gerade weil etwas zu Ende geht! Gerade weil ich mir nicht geben oder herstellen kann, was ich mir zutiefst wünsche! In welcher schwierigen Situation würde ich mich gerne gesegnet wissen? Traue ich mich, das jemandem zu sagen? Oder will ich diesen Wunsch leise, fast verschämt meinem Gott hinhalten? Traue ich mich das?

Hans Prömper (2016)

Scheitern gehört zum Leben!

Sagt man so.
Ist normal und passiert jedem.
Scheitern ist nicht normal, ist schrecklich!
… und kann die Wende zu neuem Leben bedeuten.

In meinem Fall:
Trennung. Scheidung. Mit zwei Kindern.
Nächte ohne Schlaf und
Tage ohne Ruhe.
Der Boden unter mir schwankt.
Ideale und hohe Ansprüche sind zerstört und
mein Selbstwertgefühl bedroht.
Schuldgefühle kommen hoch und
die Angst, abgelehnt zu werden.
Quälende Gedanken
Kreisen ohne Ende.
Abgründe tun sich auf und
die Furcht abzustürzen …

Und dann?

Es folgte ein unruhiger, aber auch sehr lebendiger Lebensabschnitt, dessen stabile Brennpunkte ein guter Draht zu meinen Töchtern und liebenswerte, verlässliche Kollegen und Kolleginnen waren.

Mir hat geholfen,

- dass Familienangehörige, Freunde, Kolleginnen und Bekannte einfach die Ruhe bewahrt haben. Dass sie ehrlich zu mir waren, nichts beschönigt, aber mich auch nicht verurteilt haben.
- dass ein älterer Kollege meinte: Kümmere dich jetzt um deine Krise, und danach wird unser gemeinsames Projekt umso besser.
- dass mir mein Arzt Schlaftabletten gegeben hat – und mich dabei begleitet hat, davon wieder loszukommen.
- dass meine Kinder gesagt haben: „Wir wollen aber keinen Wochenend-Papa!“ Woraufhin wir vor über 20 Jahren eine Lösung gefunden und gelebt haben, die heute viel diskutiert wird: Die halbe Zeit wohnen die Kinder beim Vater und die halbe Zeit bei der Mutter.
- dass mir ein Vermieter, trotz einiger Skepsis, eine schöne Wohnung für meine Töchter und mich vermietet (und das Schlagzeug der Jüngeren toleriert) hat.
- dass Freundinnen und Freunde zu mir gekommen sind und mit mir gekocht, gebacken, gespielt, Fußball geguckt haben, geradelt, gejoggt und gewandert sind. Und was man sonst so alles in einer Familie macht. Mal mit und mal ohne Kinder.
- dass Kollegen mich zu neuen Projekten eingeladen haben.
- dass ich viel draußen, in der freien Natur unterwegs sein konnte. Praktisch täglich. Allein und zusammen mit anderen. In Wäldern, den Bergen und auf Flüssen. Unter freiem Himmel und mit den Gefährtinnen und Gefährten fand ich leichter zu mir, zu meiner Kraft und zu den seelischen Quellen, aus denen ich leben darf.

Heute ist das, was ich damals erlebt, erlitten und geschenkt bekommen habe, ein wesentlicher und unverwechselbarer Bestandteil meines Lebens. Der mittlerweile fruchtbare Humus, auf dem Neues wachsen konnte. Zum Beispiel auch Zuwachs in der Patchwork-Familie und mittlerweile ein fröhliches Rudel von acht Enkelkindern, die auch gerne mit mir draußen unterwegs sind.

Ich bin gespannt, wie es weiter geht!

Tilmann Kugler (2019)

Autonomie – Fragen als Wegweiser

In diesem Text erzähle ich von meiner Suche nach einem ganzheitlichen Leben und der Kraft der Frage „warum eigentlich nicht?"

Jahreswechsel 2020/2021. Ich brüte über meinem Plan für das neue Jahr. Die Ziele: Vernetzung, Angst vernachlässigen, weiterbilden, Musik und Texte produzieren, Leichtigkeit. Unter den Vorhaben tummeln sich Punkte wie „Unterrichtsplan für meine Gitarrenschüler*innen" (sehr dringend), „Zahnarzt" (weniger dringend) oder „Konzerte spielen" (Post-Lockdown). In den Vortagen hatte ich mit meiner Partnerin Rat gehalten. Wir mussten feststellen, dass 2020 verdammt anstrengend war. Im Februar war unser erster Sohn auf die Welt gekommen, weshalb es als schönes Jahr in unsere Geschichte eingehen wird. Doch es war auch das Jahr, in dem unsere WG zerbrach, in dem wir mit langwieriger Krankheit fertig werden mussten und meine Selbstständigkeit finanziell bröckelte. So ist es, wenn du ausgetretene Pfade verlässt: Es gibt sehr begeisterte Zeiten und sehr trübe Tage. Doch ist es nicht gerade diese Polarität, die ein lebendiges Gefühl ausmacht?

Das neue Jahr fängt super an. Ich plane Gespräche (Vernetzung), meditiere (Angst vernachlässigen), lese über Balkongärtnern (weiterbilden), bringe zwei Lieder zu Ende (produzieren) und spiele mit meinem Sohn (Leichtigkeit). Dazu gesellen sich Zweifel: Arbeite ich zu wenig oder will ich zu viel? Bin ich effizient genug, oder ist gerade „Effizienz" der tiefere Kern des Übels? Immer neue Fragen ...

Im Jahr 2014 lautete meine Frage: Warum gibt es Naturschutz? Könnte die Landwirtschaft nicht auch gleichzeitig Naturschützer sein? Und das war das Ende meines ausgetretenen Pfades. Raus aus der Kleinstadt, raus aus den bürgerlichen Verhältnissen und freimachen vom Einserabitur. Als „Umweg“ machte ich noch einen Bachelor in Agrarwissenschaften. Dann, abgestoßen von den Realitäten der modernen (Bio-)Landwirtschaft, fragte ich mich wiederum, wie ich meinen zentralen Wert der „Fürsorge für die Schöpfung“ weitergeben und gleichzeitig mit Muße und Leichtigkeit leben könnte. Die Antwort war offenkundig, doch brauchte ich meine Freundin, die sagte: „Und warum *versuchst* du dann nicht einfach, Musiker zu werden?“

Ja, und genau das habe ich dann getan.

Schreibe dir einmal selbst auf:

Welche übergeordneten Themen sind dir dieses Jahr wichtig? Was sind deine Ziele?

Hänge den Zettel über deinen Schreibtisch oder klebe ihn vorne in deinen Terminkalender. Nach Möglichkeit sprichst du darüber auch mit einem Freund oder einer Freundin.

Und wenn du noch ein bisschen Mut brauchst, lies einmal das Gedicht *Noch bist du da* von Rose Ausländer. Du findest es auch im Internet.

Martin Prömper (2021)

Scherbenhaufen des Ich?

Ein Mann schrieb mir: „Erst muss das Ego in Scherben fallen, damit Heilung möglich wird.“ Was für eine Aussage! Viele brauchen ein halbes Leben oder noch länger, um zu so einer Aussage zu gelangen – andere vielleicht sogar mehr als ein Leben.

Im Leben des Mannes, der diesen Satz schrieb, war einiges im wahrsten Sinne in Scherben gegangen: eine Ehe, eine Familie, auch ein Beruf. Nicht alles auf einmal. Nacheinander. Er hatte sich mit Händen und Füßen gegen sein Scheitern gestemmt – im Sinne seines Satzes: Sein Ego hatte sich mit aller Kraft gegen sein Scheitern gestemmt – bis ihm nichts anderes mehr blieb, als aufzugeben. Schluss mit dem Kämpfen, es hat keinen Sinn mehr. Zum Glück hat er in dieser Notsituation seinem Leben kein Ende gesetzt. Er hat sein Scheitern ausgehalten, durchlitten, ertragen – und dann allmählich gefühlt, dass es „danach" weitergeht. Und er hat seinen Frieden gefunden – sonst hätte er diesen Satz nicht schreiben können: „Erst muss das Ego in Scherben fallen, damit Heilung möglich wird."

Gestern hörte ich zum ersten Mal Udo Lindenbergs *König von Scheißegalien* (1998) und dachte, dass es etwas geschmacklos klingt, aber offenbar genau das trifft, worum es hier auch geht: Erst wenn das Ego kaputtgeht, geschieht so etwas wie Heilung.

Udo Lindenberg höre ich, seit ich 13 bin. Dass er nun, im Alter, so ein großartiges Lied schreiben kann, respektiere ich sehr! Bitte einmal diese Lektüre unterbrechen und hineinhören.[1]

Im Grunde ist Lindenbergs Lied ein wunderbarer Kommentar zu dem Satz von den Scherben und von der Heilung. Richard Rohr nennt diese beiden Zustände „falsches Selbst" und „wahres Selbst": „Ihr falsches Selbst ist das, wofür Sie sich halten. Es ist fast vollständig ein gesellschaftliches Konstrukt ... Ihr Ego-Behältnis möchte geschlossen bleiben und hasst jede Veränderung ... Das falsche Selbst muss sterben, damit das wahre Selbst leben kann ... Eine reife Religion hilft, den Sterbeprozess des falschen Selbst zu beschleunigen".[2] Das wirft ein völlig neues Licht auf unsere Scheiternserfahrungen: Sie können dabei helfen, unserem „Ego-Behältnis" Risse zuzufügen.

Eine reife Religion: Jesus geht den Weg nach Jerusalem. Er wird zum König, aber zu einem gebrochenen König, zum König am Kreuz. Reife Religion erkennt gerade darin den wahren König. Und wir können uns in ihm wiedererkennen und so auch zu wahren Königen werden. Was für ein Paradox! So verhilft der Blick auf den gebrochenen Gekreuzigten zu wahrem menschlichem und männlichem Leben.

Bernd Schlüter (2019)

Hoffnung in Krisenzeiten

Ein Impuls in Zeiten voller Krisen. Positive Worte in solch problembeladenen Zeiten wie denen, die wir erleben – und dann auch noch hoffnungsvoll?

Doch, das geht!

Ähnlich scheinbar widersprüchliche Erfahrungen darf ich manchmal als Krankenhausseelsorger machen. Manchmal werde ich von Freunden oder Bekannten gefragt, ob das nicht eine belastende Aufgabe sei: Sterbende zu begleiten, leidende Menschen zu sehen, Krankheit und Tod immer wieder hautnah mitzubekommen. Ich habe in letzter Zeit oft erlebt, dass gerade *in* der Zeit schwerer Krankheit und auch *im* Durch*leben* von Leiden und Sterben viel Liebe, Nähe und Erfahrungen von unersetzbarem Wert da sind. Ich erlebe, dass Menschen sich sehr freuen, wenn ich sie besuche, und dass Familienmitglieder sehr dankbar sind, wenn ich zu ihrer oder ihrem kranken Angehörigen gehe oder auch sie selbst begleite. Als die meisten Besuche in Kliniken coronabedingt nicht möglich waren, war die Aufgabe von uns Krankenhausseelsorgenden umso wichtiger. Sicher ist die Aufgabe als Seelsorger ein Dienst für die Menschen: Aber ich selber fühle mich immer wieder als Beschenkter, wenn ich beispielsweise Folgendes erlebe:

Ein junges Ehepaar erwartet das erste Kind. Leider stirbt es im Mutterleib. Ich bin vor der (Tot-)Geburt bei dem Ehepaar, dann auch am Abend direkt nach der Geburt. Die Abschiedsfeier für den kleinen Stefan (Name geändert) in der Klinik ist tränenreich und so liebevoll. Ich werde nie vergessen, wie das Baby in einem „Stoffnest" auf dem Bauch der Mutter liegt. Eine Woche später darf ich den Kleinen auf der Grabstelle für „Sternenkinder" beerdigen. Wie nah doch Schmerz und Freude beieinanderliegen! Das junge Paar hat vorher einen Brief an seinen kleinen Stefan geschrieben und mich gebeten, ihn am Grab vorzulesen. Ich tue das mit leicht zittriger Stimme. „Der Tag deiner Geburt war für uns der bisher schönste Tag in unserem Leben", ist ein Satz darin. Es ist im tiefsten Schmerz und in der Trauer so viel Liebe und Nähe spürbar.

Natürlich sind nicht alle Erfahrungen so intensiv und nicht jede oder jeder von uns kann so etwas erleben, aber wir alle können offen in jede Begegnung gehen. Ich weiß oft nicht, wer oder was mich erwartet, wenn ich an die Tür des Krankenzimmers klopfe. Mit dieser Haltung können wir auch im Alltag auf jeden Menschen zugehen: Vorsichtig an seine „Tür" klopfen, offen, herzlich und mit einer gewissen „Neugier" sehen, hören und fühlen, wem ich begegne.

Hoffnung und Leben trotz oder in der bitteren Erfahrung von Leid und Tod.

Hoffnung in Zeiten von Krisen, die die ganze Welt betreffen?

Doch, das geht!

Andreas Robin (2021)

Scheitern. Anfang des Erfolges?

Am 25. September 1974 zählte ich mich als einen Menschen, der regelrecht gescheitert war. Ich saß in Berlin in der Abschiebehaft und sollte schnell in die Türkei abgeschoben werden, da ich keinen gültigen Pass, keine polizeiliche Anmeldung und keine Aufenthaltserlaubnis hatte. Drei Tage und Nächte beschäftigte ich mich mit meinem Scheitern. Was würden die Menschen in meinem Dorf und Heimatland über mich denken? Ich war nicht nur gescheitert, sondern hatte auch noch erhebliche Schamgefühle.

Diese Erfahrung in der Abschiebehaft war für mich, nachdem ich das hinter mir hatte, der Anlass, den Begriff Scheitern als Neubeginn auf dem Weg zum Erfolg zu verstehen und dementsprechend zu handeln. Ich begann sofort, mich ehrenamtlich zu engagieren und das Leben aus einer positiven Perspektive zu betrachten.

Durch diese wunderbare Tätigkeit habe ich mehrere Zehntausend Menschen kennenlernen dürfen, die ich als Schätze dieser Erde sehe. Alle diese Menschen haben Schätze, die noch nicht entdeckt worden sind. Es wäre wunderbar, wenn wir es schaffen könnten, diese Schätze aus den Individuen herauszukitzeln. Es ist immer von großer Bedeutung, dass wir Menschen von ihren positiven Seiten her betrachten und so ihren Eigenwert wahrnehmen, dann können sie sich auf das Beste – auch für andere – hin entwickeln.

Es hängt immer davon ab, ob man das Glas als halb voll oder halb leer beschreibt. So ist es auch mit dem Begriff Scheitern. Er ist für mich die Chance, immer wieder neu anzufangen. Zuerst ein kleines Brötchen backen. Würden alle Menschen dies ausprobieren, könnten wir eines Tages das größte Brot backen. Wäre dies nicht schön?

Wichtig ist allerdings immer, dass man die richtigen Werkzeuge und Ersatzteile dabeihat, wenn man mit Menschen zusammenkommt und arbeitet.

Das wahre Miteinander statt Übereinander, Gegeneinander, Nebeneinander oder Durcheinander könnte unser Kompass sein. Vielleicht teilen wir die Sehnsucht unseres großen türkischen Dichters Nazim Hikmet, zu leben wie ein Baum: einzeln, frei und brüderlich.[3]

Wir sollten immer daran denken, dass wir alle Gäste auf diesem schönen Planeten sind.

Wer hätte es für möglich gehalten, dass ein Anatolier, der in Abschiebehaft saß, eine Väter- und Männergruppe für Väter und Männer mit türkischer Zuwanderungsgeschichte in Deutschland gründet und diese Gruppe gegen Gewalt demonstriert und Aktionen durchführt? Viele dieser wunderbaren Menschen fühlten sich als gescheitert und gebrandmarkt. Nun haben sie das Zepter in ihre eigenen Hände genommen und handeln. Dies ist doch eine beachtliche Entwicklung für unsere Gesellschaft und unser Land.

Kazim Erdoğan (2019)

„Hauptsache Arbeit!?"

„Es kratzte ganz schön an meinem Selbstwertgefühl." Manfred ist wahrlich kein Einzelfall. Für viele Männer vor und nach ihm dreht und drehte sich alles um ihre (Erwerbs)Arbeit. Und jetzt mit 57 Jahren – arbeitslos. „Zwangspensioniert", wie er es nennt. Und vorher?

„Klar, es ging ja auch ums Geldverdienen. Ich war stolz, eine Familie ernähren zu können. Und dass wir uns was leisten konnten. Aber es war doch mehr: Ich habe mich nur noch durch meinen Job definiert. Aber dabei ist einiges andere zu kurz gekommen."

Ob aus heiterem Himmel oder wie ein Unwetter, das langsam aufzog: Der Verlust des Jobs ist eine Attacke auf mein Ego, triff mich in Mark und Bein. Das soziale Umfeld an der Arbeit, die Kontakte zu den Kollegen, die Anerkennung vom Chef, das Gehalt am Ende des Monats, ja auch die klare Struktur der Woche, der Wechsel von Arbeit und Freizeit, fällt mit einem Mal weg. Eine Reihe von Männern merken erst, wenn ihre Arbeit nicht mehr da ist, was sie ihnen bedeutete. In jeder Hinsicht. Am Anfang konnte man das Ausschlafen, das lange Frühstück mit der ausgiebigen Zeitungslektüre noch genießen. Der Keller wurde aufgeräumt, kleine Reparaturen am Haus in Angriff genommen. Doch der Zeitpunkt kommt: Der nächste Schritt ist gefordert. Heute, nur heute werde ich mich an die Umstände anpassen.

Wie könnte das aussehen?

- Ich stelle mich der Vergangenheit – und lasse sie dann hinter mir.
- Ich nehme die unterschiedlichen Gefühle wie Wut, Ohnmacht, Trauer und Zorn, aber auch Befreiung, Erleichterung wahr und lasse sie zu.
- Ich akzeptiere, dass ich Verletzungen erlitten habe.
- Ich prüfe, welchen Anteil ich zu verantworten habe.
- Ich löse mich von negativen Gedanken und Grübeleien.
- Ich hole mir Rat und Hilfe, wenn ich mich überfordert fühle.
- Ich informiere mich.

Betroffene Männer berichten, dass sie nach verschiedenen Phasen der Auseinandersetzung mit ihrer Arbeitslosigkeit zu neuen Akzentsetzungen in ihrem Leben gekommen sind. Dass andere Werte an Bedeutung gewonnen haben. Dass Abhängigkeiten im Zusammenhang mit der Arbeit in einem neuen Licht gesehen werden. Dass es die Chance zur Neuausrichtung meines Lebens gibt, jenseits von Erwerbsarbeit. Ich bekomme die Gelegenheit, meine Partnerschaft, meine Familie, die Beziehung zu meinen Eltern, zu meinen Freunden und Sportkameraden in einem neuen Licht zu sehen. Vielleicht habe ich mich im letzten Job zum *„Workaholic"* entwickelt und anderes vernachlässigt. Beim nächsten Mal wird mir das nicht passieren.

„Im Rückblick kann ich eigentlich nur dankbar sein", sagt Manfred und steht an der Essenausgabe der Tafel. „Meine zukünftige Lebensplanung wird jetzt eine andere sein."

Fredy Henning (2013)

Nein sagen

Das fällt vielen Männern schwer. Denn „Nein sagen" ist riskant. Ich könnte das Falsche tun. Ich könnte Chancen verpassen. Ich könnte Anerkennung und Liebe verlieren. Das fällt Männern gewaltig schwer.

Was nicht bedeutet, dass sie es gerne zugeben. Es ist eine heimliche Angst, durch ein allzu riskantes oder bewusstes „Nein" nicht mehr dazuzugehören.

Aus der Arbeit mit gewalttätigen Männern wissen wir, dass diese innerlich schwach sind. Sie gebrauchen Gewalt, weil ihre inneren Stoppschilder von Anderen längst und wiederholt überfahren wurden. Weil sie zu wenig und nicht früh genug „nein" gesagt haben.

Wer sein inneres „Nein" nicht spürt, der stellt sich gerne zur Verfügung:

für die Karriere,
für die Familie,
für's Ehrenamt.

„Ich mach das schon." „Alles klar, Mann." „Alles in Ordnung."

Männer sind oft Jasager aus Angst vor dem Verlust der Anerkennung – durch Frauen, durch andere Männer. Die Imperative der anderen wirken und sind oft stärker als das eigene Gefühl und Wissen.

Gott jedoch liebt das „Nein".

In den sogenannten Versuchungsszenen des Lukas Evangeliums sehen wir keinen leidenden und duldenden Jesus. Er widersetzt sich den Größenphantasien:

Steine in Brot verwandeln, alle Macht der Erde haben, unversehrt vom Turm springen.

Für uns gilt: Dieses „Nein“ kann mir niemand abnehmen. Ich kann es an niemanden delegieren. Dieses „Nein“ muss ich für mich selber klären und leben. Dazu haben wir einen Text gefunden:

> „Gott sagt NEIN
> Ich bat Gott, meine ungute Gewohnheit wegzunehmen.
> Gott sagte: nein, es ist nicht an mir, sie wegzunehmen,
> sondern an dir,
> sie aufzugeben.
> Ich bat Gott um Geduld.
> Gott sagte: nein, Geduld kommt aus der Anfechtung;
> sie wird nicht gewährt,
> sie muss erlernt werden.
> Ich bat Gott mich, glücklich sein zu lassen.
> Gott sagte: nein, ich gebe dir alle meine Segnungen,
> aber glücklich sein musst du selber.
> Ich bat Gott, mir Schmerzen zu ersparen.
> Gott sagte: nein, Leid zieht dich weg von der Welt und
> bringt dich näher zu dir selbst und zu mir.
> Ich bat Gott, meinen Geist wachsen zu lassen.
> Gott sagte: nein, wachsen musst du selbst, aber ich will
> dich hegen.“[4]

Was sind deine Punkte, wo ein „Nein“ ansteht? Wo solltest und möchtest du öfter einmal „Nein“ sagen?

Wenn es dir wichtig ist: Nimm dir ein paar Minuten Zeit dafür. Schreibe es dir auf. Und schau es dir nach einigen Tagen und Wochen immer wieder einmal an. Wie bist du dir selber treu?

Nein sagen. Gott liebt es.

Karl-Heinz Kohn (2007)

Kapitel 2:
Innehalten

„Halt an!“ – Unterbrechen und Spüren

„Halt an!“ – Tagtäglich begegne ich dieser Aufforderung. Wenn ich unterwegs bin, auf der Straße, im Zug. Wenn ich auf die Ampel zufahre, und prompt wird sie rot. Wenn es mal wieder auf der Autobahn heißt: Stop and Go. Wenn der Zug aus welchen Gründen auch immer zum x-ten Mal außerplanmäßig auf freier Strecke anhalten muss. Ich gebe zu: Mich nervt das schon. Eigentlich will ich zügig von A nach B kommen. Und nicht ständig auf dem Weg dahin ausgebremst werden. Ich vermute mal: Mir geht das nicht allein so. Eine Gesellschaft, die so sehr wie die unsere von Mobilität geprägt ist, vermittelt ihren Mitgliedern die permanente Botschaft: Nur wer mobil ist, wer in Bewegung ist, ist wer und ist was wert! Gerade wir Männer haben diese Lektion immer schon sehr gut gelernt!

„Halt an!“ – Dennoch: Viele Männer erleben genau dies unerwartet und sehr unvorbereitet. Der Sportunfall, der einen im wahrsten Sinne des Wortes bewegungsunfähig macht. Die Herzattacke, die signalisiert, der Körper ist nun einmal keine Maschine. Krankheiten und Todesfälle in der Familie, die gewohnte Abläufe, ja Lebensplanungen über den Haufen werfen. Der gestern noch sichere Arbeitsplatz, der plötzlich gefährdet ist, weil die Firma in wirtschaftlich schwierigen Zeiten in Turbulenzen gerät. Weiter so, das geht plötzlich nicht mehr. Anhalten, innehalten, sich neu orientieren: Das ist in diesem Moment das Gebot der Stunde.

„Halt an!“ – Gut, wenn es dann Orte und Zeiten gibt, an denen ich selbst ganz bewusst und aus freier Entscheidung für mich die Kunst des Anhaltens, die Kunst der Unterbrechung ausprobieren kann. Orte und Zeiten, in denen ich mir einfach mal den Raum gebe, um zu schauen: Was ist mir wirklich wichtig in meinem Leben? Was zählt für mich? Wie soll es weitergehen? Für den einen kann das vielleicht eine feste Aus-Zeit sein, ein Klosterwochenende zum Beispiel oder eine Pilgertour. Für den anderen ist es das bewusste Innehalten für einen Moment zu Beginn oder zum Ende des Tages. Und für den dritten ein inspirierendes Buch, das vielleicht vom weihnachtlichen Gabentisch noch liegen geblieben ist, oder ein guter Film, der im Kino läuft. Es gibt viele Möglichkeiten, „Halt an!“ zu sagen.

„Halt an!“ – Aber auch ein zweites ist gewiss genauso oft vonnöten: das Gespräch, der Kontakt mit jemandem, der mir hilft zu sehen, was zählt, worauf es ankommt, in meinem Leben, in meiner Spiritualität – freundschaftlich, wohlwollend, aber ohne darum herumzureden.

Mein Vorschlag: Suche dir einen für dich stimmigen Ort, eine passende Zeit, um einmal bewusst „Halt an!“ zu sagen. Und das Gespräch mit einem guten Freund, der dir hilft, zu sehen, worauf es in deinem Leben ankommt!

Andreas Ruffing (2009)

Der Himmel ist in dir!

„Halt an. Wo läufst du hin?“ Das möchte ich manchmal mir selber zurufen. So geschäftig, wie ich bin. Meistens ein Ziel vor Augen. Oft gehetzt. Oft fremdbestimmt. Bis es mich aus der Kurve haut. Vor Erschöpfung und Müdigkeit, weil der Körper nicht mehr will. Oder vor innerem Widerwillen und Widerstand, weil meine Wünsche nachlassen, das Bedürfnis nach Ausruhen und Segen ohne Bedingung sich meldet.

„Halt an. Wo läufst du hin? Der Himmel ist in dir.“ Der Mystiker Angelus Silesius – von ihm stammt das Zitat – fordert mich auf, mich und Gott nicht länger im Außen zu suchen.

Gott wohnt in mir. „Suchst du ihn anderswo, du verfehlst ihn für und für.“ Also anhalten und mir selbst zur Aufgabe werden. Mir selber, meinen inneren, seelischen Bedürfnissen Raum geben. Mein Selbst, mich selbst entwickeln.[5]

Selbstsuche und Selbstfindung sind nun meist keine absichtsvollen Handlungen. Eher Entwicklungen, die *en passant* geschehen. Geschehen! Wie bei den beiden Jüngern auf dem Weg nach Emmaus. Warum auch immer sie dorthin wollten: während sie so gehen und sich miteinander teilen – ihre verlorenen Hoffnungen, ihre Trauer und Ausweglosigkeiten, ihre Ängste vor der Zukunft; der Meister ist tot, sie sind um ihre Hoffnungen betrogen; das Königreich ist zusammengebrochen, bevor es überhaupt richtig begonnen hat …

Während die beiden Jünger so gehen und sich einander mitteilen, da geschieht etwas. „Während sie miteinander sprachen und überlegten, kam Jesus hinzu und ging mit ihnen." (Lk 24, 15)

Das kann ich nun glauben – oder es als Hirngespinst Verzweifelter abtun. Aber je nachdem, wie ich das sehe, verändert es vielleicht meinen Weg. „Ein Krieger des Lichtes glaubt", schreibt Paulo Coelho. „Weil er an Wunder glaubt, geschehen auch Wunder. Weil er sicher ist, dass seine Gedanken sein Leben verändern können, verändert sich sein Leben. (...) Alle, die glauben, wissen das."[6]

„Halt an! Wo läufst du hin? Der Himmel ist in dir."

Hier drei Ratschläge für Langstreckenläufe:

1. Plane Zeiten des Nichtstuns ein! Finde es ab und zu erstrebenswert, „auf einem Stein zu sitzen" und keine Ziele zu haben.
2. Misstraue hin und wieder deinen eigenen Zielen und Anstrengungen! „Gott ist in dir. Suchst du ihn anderswo, du fehlst ihn für und für." Du bist angenommen und gesegnet, vor aller Leistung.
3. Rechne mit deinem Bruder! Du kannst sicherlich nicht von jedem Männergespräch das Heil erwarten. Aber manchmal passiert es. Manchmal öffnet ein Männergespräch unter „Leidensbrüdern" Herz und Seele. Rechne jedenfalls damit. Und tu etwas dafür, indem du dich anderen Männern öffnest. Vielleicht sogar, indem du eine Verabredung triffst zum offenen Gespräch, hin und wieder.

Hans Prömper (2009)

Versuchungen

„Was ist für dich eine Versuchung?" – das habe ich in den vergangenen Tagen Freunde und Bekannte gefragt. Und ich bekam sehr konkrete Antworten: „Ein gutes Essen", „Ein alter Whisky", „Sex", „Ein neues Smartphone", „Ein schnelles Auto", „Eine Reise nach Neuseeland", und so weiter.

Auch mir fallen sofort Dinge ein, bei denen ich nur schwer widerstehen kann. Und der Vorsatz, die Fastenzeit dazu zu nutzen, etwas bewusster zu konsumieren und auf das ein oder andere ganz zu verzichten, ist schnell gefasst. Das sollte mir – mit entsprechend festem Willen – doch eigentlich leicht gelingen.

Doch dann lese ich im Markus-Evangelium, dass Jesus in der Wüste in Versuchung geführt wurde. Moment mal! In der Wüste? Da, wo es keine hellen Leuchtreklamen und gut sortierten Shopping-Center gibt? Da, wo man ganz allein mit sich selbst ist, gibt es auch Versuchungen?

Und ich beginne zu ahnen, dass die eigentlichen Versuchungen vielleicht gar nicht materielle Dinge sind.

Welche Bedeutung hat eigentlich die Versuchung, eingefahrene Verhaltensweisen und Reaktionsmuster nicht mehr zu hinterfragen? Wie groß ist die Versuchung, nur noch Seiten an mir wahrzunehmen, die ich mag und schätze? Wie sehr bin ich versucht, unliebsame Eigenschaften zu verdrängen, weil sie nicht in das Bild passen, das ich mir allzu gerne von mir selber mache? Bin ich nicht immer wieder in Versuchung, einer auch heilsamen Selbstkritik einfach aus dem Weg zu gehen?

Wie Jesus, der während seiner „Wüstenzeit" den „wilden Tieren" nicht aus dem Weg gegangen ist, sondern bei ihnen lebte, so bin auch ich gefordert, mich „dem Wilden in mir" zu stellen und meine Ecken und Kanten als Teil meines Ichs, meines Mannseins anzunehmen. Denn erst wenn ich mir auch eigene Unvollkommenheiten bewusst mache und wenn ich um unliebsame Verhaltensweisen weiß, bin ich nicht länger ein Getriebener, sondern kann ich auch bewusst damit umgehen und selbstbestimmt anders handeln.

Will ich also ganz ich selbst sein, muss ich mich zunächst in meiner Ganzheit wahrnehmen – und annehmen. Mit Stärken und Schwächen. Und das gelingt wohl am ehesten in der Stille. Innehalten. Stillwerden. Zu sich selber kommen. Das ist die Voraussetzung, dass ich immer mehr zu mir selbst finde. Nicht einfach. Aber lohnend. Denn der Stille verdanken wir oft Nachrichten an uns selbst – hörbar ohne den Umweg über die Ohren.

Die kommenden Tage kann ich dazu nutzen. Nicht 40 Tage Wüste, wohl aber jeden Tag einen Moment der Stille, Zeit zum Innehalten, Zeit zum Hinhören, Zeit zum Ganzwerden.

Stefan Becker (2015)

Nichts ist unmöglich, oder?

Bei Pflichten denken wir wohl zuerst an all das Viele, das wir jeden Tag erledigen müssen. Sie halten uns in Anspannung, manchmal schon in der Nacht, oder frühmorgens, wenn wir erwachen, dann sind sie da: die Pflichten, die, in der Agenda versammelt, wie ein großer Berg abzutragen sind. Manchmal schwer zu ertragen, dieser Berg von zu Erledigendem. Und die Angst, in diesen Pflichten unterzugehen. Eugen Roth hat dies in seinem Gedicht „Allzu eifrig" so beschrieben: Ein Mensch, stolz darauf, „ich geh in meinen Pflichten auf", geht in diesen, nicht mehr munter, letztlich unter.[7]

Doch die vielen Pflichten halten uns auch in gutem Sinn auf Trab. Sie geben uns einen Auftrag und die Chance, einen verbindlichen Beitrag für die Gemeinschaft zu leisten. Im Mittelhochdeutschen bedeutete das Wort „phliht", als Vorgänger unseres Wortes „Pflicht", Fürsorge, Teilnahme, Aufgabe, Dienst und ist verwandt mit dem Wort Pflege. In der Erfüllung von Pflichten geben wir uns hin an das größere Ganze und erfahren darin Sinn und Kraft. Wir gehen in den Pflichten auf.

Für Männer ist meiner Erfahrung nach der Grat zwischen Auf- und Untergehen sehr schmal. Idealismus und „Workaholismus" sind bisweilen nicht leicht zu unterscheiden.

Nichts ist unmöglich, oder? Diese Haltung der Grandiosität – die für jüngere Männer sinnvoll sein kann, um an sich zu glauben und etwas Starkes, Bedeutsames in die Welt zu bringen – gilt es im mittleren Alter zu hinterfragen. Denn darin sind Wünsche und Fantasien enthalten, die unser Leben in Realität nicht (er-)tragen kann. Sie lassen einen hin- und herpendeln zwischen manischem Herumrennen und deprimiertem Nichtstun, geben aber wenig Boden und Kraft, um trotz Widerständen etwas in der Welt zu realisieren. Dafür braucht es Religion im Wortsinn von „Rückbindung an das große Ganze" – um sich selbst nicht zu wichtig zu nehmen, aber sich gleichzeitig geerdet zu wissen von einer großen Verpflichtung, zu der ich meinen bescheidenen Beitrag leisten kann.

Für einen Mann ist nicht alles möglich, doch für Gott? Spirituelle Entschiedenheit in der Nachfolge des Mannes Jesus hilft uns, der männlichen Selbstüberschätzung etwas entgegenzusetzen. Leben ist zuallererst ein Geschenk Gottes. Wir müssen unser Leben nicht mit ständiger Pflichterfüllung verdienen. Deshalb: ein entschiedenes Nein zum grenzenlosen Leisten und ständigen Stress! Vertrauen wir darauf, dass nicht alles von unserer eigenen Leistung abhängt! Unsere Grandiosität hilft niemandem. Im Glauben richten wir uns aus auf das Unmögliche, überlassen es aber letztlich Gott. Mehr als Menschen müssen wir nicht sein. So gelingt es, das Mögliche auch wirklich zu tun.

Christoph Walser (2009)

Sein statt Wollen

Berufsalltag. Ich komme in mein Büro, fahre den PC hoch und klicke auf mein elektronisches Postfach. Puh, schon am frühen Morgen so viele neue Nachrichten. Einige sollten direkt beantwortet werden. Andere haben Zeit, und dann natürlich Werbung. Vieles kann direkt in den Papierkorb, doch manchmal ist auch hier schon mal etwas Wertvolles dabei …, also doch mal kurz einen Blick darauf werfen.

Ich frage mich, warum das Bearbeiten der Post so anstrengend geworden ist? Warum vergeht mit dieser Bearbeitung oft ein ganzer Vormittag, bevor ich zu den Dingen komme, die ich mir vorgenommen habe?

Wie war das denn früher, als die Post noch in Briefen und Karten gebündelt zu mir kam? Da konnte schon ein erster Durchblick die Spreu vom Weizen trennen. Was aber heute in meinem E-Mail-Account landet, suggeriert mir das Gefühl: Alles ist vielleicht wichtig.

Mir fallen dazu drei Dinge ein:

- Ich habe den Nachrichtendiensten einen 24/7 Zugang ermöglicht und dadurch auf dem Weg in mein Inneres Tür und Tor geöffnet. Es sind offensichtlich natürliche Hindernisse und Schranken verloren gegangen, die früher der Nachrichtenübermittlung vorgeschaltet waren.
- Die „Unübersichtlichkeit" und „Diversität" des Lebens sind Markenzeichen der Postmoderne geworden. Wie ein Tsunami stürzt eine Nachrichtenflut aus allen möglichen Lebensbereichen auf uns zu. Dabei fehlen die Filter, die uns helfen, vorzusortieren und das Wichtige vom Unwichtigen zu scheiden.
- Aber es gibt auch noch mein persönliches Diktat der Effizienz. Ich möchte zielstrebig sein und möglichst schnell mein Arbeits-Pensum erledigt haben. Dazu alles im Blick behalten und alles optimal nutzen, was sich mir an Lebensmöglichkeiten bietet.

„Wollen, Haben, Tun" – das sind laut der Mystik-Autorin E. Underhill die Schlüsselwörter für den Menschen von heute. Ich beobachte mich und stelle fest: Ja, meistens will ich etwas tun oder haben. Dabei vergessen wir, dass keines dieser Wörter eine tiefere Bedeutung hat, wenn es nicht durch ein anderes Wort „transzendiert und umhüllt" wird: das Sein.

Jetzt, wo ich Rentner bin, stelle ich fest, dass mein berufliches Tun zu wenig durch „Sein" transzendiert und umhüllt war. Ich weiß: Es ist nicht leicht, dieser Spur im beruflichen Alltag zu folgen und dem Geheimnisvollen Raum zu geben. Sein. Einfach sein. Und sich immer wieder daran freuen, einfach sein zu können.

In jedem Terminkalender sollte dafür Platz reserviert, ja rot markiert sein. Der amerikanische Schriftsteller H. D. Thoreau hat es vorgemacht. Er war ein vielbeschäftigter Mann und politisch sehr engagiert, doch er ging für 2 Jahre in die Einsamkeit und tat … nichts. Vielerorts wird empfohlen, sich „Auszeiten" zu nehmen. Erst recht im Gebet können wir uns immer neu des Urgrundes unseres Lebens vergewissern. Nach Teresa von Àvila ist stilles Beten wie das Verweilen bei einem Freund.

Wer sich vielleicht dem Gebet entfremdet hat, der kann auch einfach durch eine halbe Stunde „Auszeit" draußen in Garten, Wald oder Park zur Besinnung kommen. Einfach mal den Vögeln zusehen oder lauschen und … sonst nichts tun. Einfach nichts tun.

Norbert Caspers (2021)

Heiliger Boden

Vor einer alten Wallfahrtskirche las ich auf einem verrotteten Schild den Hinweis: „Aufgrund der Heiligkeit des Ortes ist es verboten, auf den Boden zu spucken!" Ich musste schmunzeln, klang diese Aufforderung in meinen Ohren doch allzu kurios. Aber dann dachte ich mir: So eigenartig dieser Satz klingen mag, so sehr verweist er doch auf etwas sehr Elementares. Der Mensch braucht heilige Orte. Orte, die sich vom Normalen abheben. Die das tägliche Einerlei unterbrechen und aufbrechen.

Nicht erst seit Hape Kerkelings Bestseller *Ich bin dann mal weg* (2006) machen Menschen sich auf den Weg zu heiligen Stätten. Die Menschen aller Zeiten und Generationen hatten Orte zum Innehalten und Abschalten. Schon in der Bibel spielen solche Orte eine besondere Rolle. Auf Bergen finden Propheten eine besondere Nähe zu Gott. An Quellen finden Heilungen statt. Und die Wüste ist sowohl für das Volk Israel wie auch für Jesus ein Ort der Prüfung und Reifung.

Ich selber lebe auch an einem Ort, der für viele Menschen „heiliger Boden" ist. Der stille Innenhof der Liebfrauenkirche, mitten in der Frankfurter City, ist im Laufe der Jahrhunderte zu einem solchen Ort geworden. Aus der Hektik des Großstadtbetriebs kommen zahlreiche Menschen von morgens bis abends hierher, um einen Augenblick der Stille oder des Gebets zu genießen. Vor der schlichten Muttergottes-Statue werden täglich mehr als 1.800 Kerzen angezündet – und das von Menschen unterschiedlichster Religionen und Weltanschauungen. Ich selber bin immer wieder davon fasziniert, wie sehr gerade der postmoderne Mensch mitten in der säkularen Welt heilige Orte braucht. Aber eigentlich muss einen das nicht einmal verwundern. Unsere Generation ist nicht weniger als alle Generationen mit der Frage konfrontiert: *Was ist der tiefere Sinn meiner Existenz? Wie gehe ich mit den Brüchen in meinem Leben um? Gibt es etwas, das mich jenseits des Hier und Jetzt trägt und hält? Habe ich Orte, Zeiten und Riten, die mein alltägliches Leben durchbrechen? Müsste ich mir vielleicht solche Orte und Zeiten einrichten, um zu erfahren: Gott ist da – ER ist der „Ich bin da"?*

Ein paar Anregungen, die mir helfen können, heiligen Boden unter die Füße zu bekommen:

- Eine Stunde lang spazieren gehen und bewusst die Schönheit der Schöpfung wahrnehmen.
- Den abendlichen Sternenhimmel betrachten und dabei den Psalm 8 meditieren: „Was ist der Mensch, dass du an ihn denkst, des Menschen Kind, dass du dich seiner annimmst?"
- 15 Minuten in einer Kirche oder Kapelle sitzen und auf die Stille hören (wenn du in Frankfurt wohnst, kannst du natürlich auch in Liebfrauen reinschauen).

Christophorus Goedereis OFMCap (2016)

Stabilitas loci („Beständigkeit des Ortes")

Der Benediktinermönch verspricht die „Stabilitas loci": an einem Ort – dem Haus Gottes, wie Benedikt sein Kloster nennt – zu bleiben.

In einer Zeit, in der Flexibilität zu einem Ideal geworden ist, steht nun das Bleiben an einem Ort, das Aushalten an diesem Ort nicht hoch im Kurs.

Menschen und auch gerade wir Männer brauchen aber solche Orte, an denen wie ankommen können, an denen wir zu Hause sind: Heilige Orte. Sie führen uns zu uns selber.

Der Kabarettist Karl Valentin sagte mal: „Heute will ich mich besuchen. Mal sehen, ob ich zu Hause bin." Von dem Heiligen Benedikt wird gesagt, dass er bei sich wohnte: „Habitare secum."

Oft genug werden wir aus diesem heiligen Ort, diesem „bei uns selber wohnen" gerissen. Wir werden ausgeraubt, wie Nebukadnezar die Schätze aus dem Tempel, dem Haus Gottes, raubt. Wir werden unserer Zeit beraubt, unserer Fantasie, unserer Freiheit, unserer Träume. Ja, wir selbst werden entführt, weg von den heiligen Orten unserer Kindheit, unserer Jugend, in ein Land, das uns oft fremd ist, in dem wir uns nicht beheimatet fühlen.

Auszeiten wie Visionssuchen, Wüstentage oder Wald-Exerzitien geben uns die Chance, auszubrechen aus dieser Gefangenschaft. Wie bei dem König Kyrus können wir uns von Gott berühren lassen und unser Lebenshaus neu bauen. „Wisst ihr nicht, dass ihr Tempel Gottes seid", ruf Paulus uns zu, „und der Geist Gottes in euch wohnt?" Wir sind Haus Gottes und wir sind aufgerufen, dieses Haus mit Leben zu füllen.

Oft mache ich Männern, die zu mir kommen, den Vorschlag, sich in der Natur einen Platz zu suchen, den sie immer wieder aufsuchen sollen, einen Ort, der zu ihrem Heiligen Ort wird. Hier können sie sich und die Natur im Wandel der Jahreszeiten erleben. Dieser Ort in der Natur kann für jeden Einzelnen zu seinem ganz persönlichen Haus Gottes werden, in dem Gott der Mitbewohner ist. Hilfreich kann es sein, sich an diesem Ort in der Natur einen Steinkreis zu legen. In den vier Himmelsrichtungen lege ich jeweils einen Stein, verbinde mit dem Stein und den Himmelsrichtungen die Elemente und die Archetypen nach C. G. Jung. Dann steht der Norden für die Luft und den König. Der Osten für das Feuer und den Krieger. Süden für Wasser und Liebhaber und der Westen für Erde und den Magier. Das Innere des Kreises wird mein heiliger Ort, an den ich mit den Qualitäten der Archetypen und den Elementen in Kontakt komme. Dieser Kreis kann dann zu meinem „heiligen Ort" werden.

Josef van Scharrel OSB (2018)

Der Hobbit in mir

Das Gegenteil von einem Abenteurer ist ein Hobbit. Diese Wesen aus J. R. R. Tolkiens *Der Herr der Ringe* und *Der kleine Hobbit* lieben

Ruhe, Frieden, Behaglichkeit und sechs Mahlzeiten täglich. Eine Ausnahme ist Bilbo Beutlin, der sich – allerdings nicht ganz freiwillig – zu einem großen Abenteuer aufmacht. In späteren Jahren pflegte er zu seinem Neffen zu sagen: „Es ist eine gefährliche Sache, Frodo, aus deiner Tür hinauszugehen. Du betrittst die Straße, und wenn du nicht auf deine Füße aufpasst, kann man nicht wissen, wohin sie dich tragen."

Menschen, die ständig neue Abenteuer suchen, die es niemals lange an einem Ort hält, die sich auf alles einlassen (also „echte Männer"?), kennen diese Gefahr. Für sie mag es ein besonderes Abenteuer sein, einmal bei einer Sache zu bleiben, selbst wenn allmählich die Alltäglichkeit einkehrt.

Doch bei anderen Menschen – wiederum bei vielen Männern – ist es umgekehrt. Nach der Arbeit (für die sie notwendigerweise aus dem Haus gehen) sind sie müde, machen es sich in den eigenen vier Wänden bequem und verbringen die Zeit mit Fernsehen. Und dabei schleicht sich eine Bequemlichkeit ein: Nach einer Weile denken sie gar nicht mehr daran, was sie sonst noch (außer Haus) unternehmen könnten. Gerade alleinstehende Menschen können so regelrecht zu Einsiedlern werden.

Ich spreche bzw. schreibe da auch aus eigener Erfahrung. Und ich versichere Ihnen zugleich, dass man auch an seiner Offenheit für Neues arbeiten kann. Ich muss oftmals nur einmal etwas abseits der gewohnten Wege gehen, und schon entdecke ich in der eigenen Umgebung, in der eigenen Stadt ganz neue Winkel. Oder ich lasse mich auf Begegnungen mit anderen Menschen ein, und ich komme darauf, was für nette, tolle und interessante Menschen um mich herum leben. Da können einem die Augen aufgehen.

Vielleicht noch spannender wird es, wenn man sich auf sich selbst einlässt: auf die eigenen Stärken, Begabungen, Fähigkeiten, Interessen, Vorlieben, Gefühle, Leidenschaften, Eigenheiten, Empfindlichkeiten, Schwächen … Auch da kann man ungeahnte Entdeckungen machen – willkommene und unbequeme. Das, was in mir steckt, kann ich mir freilich nur zunutze machen, wenn ich es annehme. Und wenn ich den bequemen Hobbit in mir einmal links liegen lasse und – wie Bilbo Beutlin – den ersten Schritt vor die Tür wage.

Offen sein für Neues, die Augen aufmachen, zu sich selbst stehen – das ist ein Stoff, aus dem Abenteuer und Abenteurer entstehen. Oft auch im Kleinen – und gleich um die Ecke.

Martin Hochholzer (2008)

Zu meiner Autonomie stehen

Wir alle treffen Entscheidungen. Eigentlich jeden Tag: große und kleine, schwierige und leichte, wichtige und belanglose, folgenreiche und wirkungslose. Entscheidungen können ganz wunderbar, aber auch sehr bitter schmecken. Aktuell im Ohr ist mir noch die medial übermittelte Entscheidung eines Karl Theodor zu Guttenberg, der seinen Rücktritt vor wenigen Tagen als schmerzlichsten Moment in seinem bisherigen Leben bezeichnet hat.

Entscheidungsfreude und Entscheidungssicherheit sind auch Qualitätsmaßstäbe. Besonders im Beruf gilt das in starkem Maße. Je höher der Verantwortungsbereich ist, desto mehr wird auch Entscheidungsstärke verlangt. Wer hier zu lange zögert, sich vor Entscheidungen drückt oder diese verschleppt, wird schnell als ungeeignet abgestuft. Wir Männer haben diese Sichtweise ja ziemlich stark verinnerlicht. Zögerliche und vorsichtige Männer sind nicht unbedingt ein attraktives Vorbild, oder? Und so ist es doppelt bitter und kränkend, wenn ich das Gefühl bekomme oder tatsächlich erleben muss, dass ich selbst nichts mehr oder wenig zu entscheiden habe, weil andere über mich entscheiden.

Entscheidungen zu treffen, das hat etwas mit Freiheit und Autonomie in meinem Leben zu tun. Und mit der Verantwortung, damit gut und lebensförderlich umzugehen. Dadurch erhält mein Leben Geschmack und Würze – für mich, für andere. Auch wenn die modernen Begriffe nicht fallen: Genau um dieses Dreieck „Freiheit – Autonomie – Verantwortung" geht es im Grunde in der berühmten Paradies- und Sündenfallerzählung im ersten Buch der Bibel, die mit der ersten Männergeschichte der Bibel, der Erzählung von Kain und Abel, verknüpft ist und eigentlich dort ihr Ende findet. Drei Impulse höre ich heraus, wenn ich auf diese Weise Genesis 2,3 und 4 im Zusammenhang lese:

- Du bist keine versklavte Marionette – weder in Gottes Händen noch in denen von Menschen oder Institutionen!
- Finde Geschmack daran, dass du dein Leben lebst und dass du darin unverwechselbar bist, weil niemand anderes dein Leben für dich leben kann!
- Mach dir bewusst, was gut und lebensförderlich für dich und andere ist, und triff danach deine Entscheidungen!

Mein Vorschlag: Die drei Impulse einfach mal auf jeweils einen Zettel schreiben und diese Zettel zu Hause hinlegen oder mit in die Arbeit nehmen. Und mir vornehmen, in bestimmten Abständen einen Blick darauf zu werfen und dabei in mich hineinzuhören: Bringen die Impulse in diesem Moment etwas in mir zum Klingen? Sind sie Hilfe für das, was ich jetzt zu tun oder zu entscheiden habe?

Andreas Ruffing (2011)

Kapitel 3:
Körper

Höre auf dein Herz

Das Herz abhören. Das ist eigentlich ziemlich altmodisch. Ein Hörrohr (Stethoskop) ansetzen und den Brustkorb abhören. Geht doch heute ganz anders: EKG, Kabel, elektrische Ströme messen, auf dem Datenblatt oder auf dem Bildschirm die Ergebnisse sehen.

Mein Hausarzt ist noch so ein „alter“: Er macht das sogar mit den Fingern. Klopft meinen Körper ab und hört auf die Resonanz. Im Rahmen des Gesundheits-Checks. Mir tut das gut. Da wendet sich mir einer zu. Mit allen Sinnen. Fasst mich an und nimmt Kontakt mit mir auf. „Höre auf dein Herz.“ Wann war ich zuletzt in Kontakt mit mir? Mit meinem Innersten? Wann habe ich mich mir zugewendet – wie ein Hausarzt, der sich Zeit nimmt?

Mein Rat für die nächsten Wochen: Gönne dir hin und wieder diese Intimität. Diese Zuwendung zu dir – und deinem Herzen. Dazu der Vorschlag einer kleinen Übung.

Such dir einen ruhigen Ort und verharre eine Zeit lang im Schweigen. Setz dich einfach still und aufrecht hin. Vielleicht hörst du sogar dein Herz? Spürst, was dich im Innersten berührt?

Nach einiger Zeit stehst du wieder auf. Steh einfach da. Nimm deine rechte Hand und lege sie auf dein Herz. Es ist dein Herz, Bruder. Es könnte dir einen Weg weisen.

Und wenn einmal wieder die Sonne scheint! Vielleicht zu Tagesbeginn, nach dem Aufstehen. Mit der Hand auf dem Herzen! Und dem Gesicht in der Sonne! (Aber die Augen bitte geschlossen halten!) Beginne deinen Tag mit einer Haltung, die Rabindranath Tagore (1861–1914) so ausgedrückt hat:

> Herr, ich komme zu dir,
> dass deine Berührung mich segne,
> ehe ich meinen Tag beginne.
>
> Lass deine Augen
> eine Weile ruhen auf meinen Augen.
> Lass mich das Wissen

um deine Freundschaft
mitnehmen in meinen Alltag.

Fülle meine Seele mit deiner Musik,
mit deinem Frieden, mit deiner Freude.

Begleite mich durch den Lärm des Tages
und lass den Sonnenschein
deiner Liebe über mir erstrahlen.
Herr, lass im Tal meiner Mühen
Früchte reifen in Fülle.[8]

Hans Prömper (2010)

Vom Hunger verführt werden

„Unsere Sehnsucht ist wie ein Brunnen, dessen Tiefe der Größe Gottes gleicht, also endlos ist. Dies wollte Gott selbst so, damit sich die Bewegung des Menschen auf ihn hin nicht erschöpfe."[9]

Hunger spüren wir erstmals ein paar Stunden nach der Geburt. Wir realisieren die Trennung von der Mutter, unserer Nahrungsquelle, Hort der Geborgenheit. Zurück an ihrer Brust, wohlig saugend, erfahren wir beides: wie unser physischer Hunger befriedigt wird und unser „Hauthunger", der Wunsch nach Wärme, Geborgenheit, emotionalem Halt. Beides geschieht – kaum voneinander lösbar – in dieser Urszene unserer frühen Kindheit ganzheitlich – wir werden umfassend „gestillt".

Es ist deshalb kein Wunder, wenn im späteren Leben unser Essverhalten eng mit unseren Emotionen verbunden bleibt. Da wir nicht mehr in das ganzheitliche, intrauterine Paradies der Mutter zurückgelangen, bleiben wir unerfüllt und tragen – jeder anders – diese „Unersättlichkeit" durch das Leben. Wir erleben uns als „Mängelwesen" und müssen damit umgehen. Nicht jedem gelingt das. Manche suchen emotionale „Stillung" in Süßigkeiten und maßlosem Essen. Sie schleppen mit dem Übergewicht schamvoll ihre Unerfülltheit durchs Leben. Andere bekunden das existentielle Nein zu sich selbst in lebensverweigernden Essstörungen wie Bulimie und Anorexie.

Ich beobachte den Zusammenhang von Hunger und Emotionen bei mir selbst. Ob mich der Bäckerstand am Bahnhof morgens mit seinen verführerischen Gerüchen „anmacht" oder nicht, ist abhängig von meiner Tagesform. Es gibt einen „emotionalen" Hunger aus Unerfülltheit, Unruhe, dem Wunsch nach Tröstung und Nähe, der sich unmittelbar im physischen Hunger äußert. Und es gibt Hochstimmungen wie Verliebtheit, Wiedersehensfreude, Zufriedenheit über ein Werk, wo der Hunger nicht auftaucht. Es ist sehr aufschlussreich, das Auf und Ab der Emotionen zu beobachten und wie es sich physisch äußert. Wenn es mir gelingt, dem Impuls nicht gleich nachzugeben, verschwindet der emotional angetriggerte Hunger wie jede andere Emotion auch nach einem normalen physiologischen Zyklus.

Natürlich bleibt der Hunger unser Lebensbegleiter. Hunger zeigt zunächst, dass wir gesund sind, wer keinen Hunger hat, ist krank. Zugleich zeigt uns unser existentieller Hunger nach Liebe, nach Gesehen-Werden, nach Erfüllung unsere bleibende Unerfülltheit, man könnte auch sagen, unsere Sehnsucht. Sie ist tief wie ein Brunnen. Im Hunger begegne ich meiner existentiellen Unersättlichkeit und meiner Sehnsucht. Ich schaue in ihre Tiefe und erkenne ihre Größe. Sie entspricht und korrespondiert mit jener Wirklichkeit, die allein groß und tief genug ist, meine Unersättlichkeit, meine Sehnsucht zu stillen.

Klaus Hofmeister (2017)

Mein Lebensdurst

Auf dem Jakobsweg in der Nähe von San Sebastian. Wir sind früh losgegangen, doch jetzt im August ist es morgens schon sehr heiß. Das Gehen im hügeligen Gelände des Küstenweges nach Santiago de Compostela ist anstrengend und schweißtreibend. So sind die Wasservorräte schnell aufgebraucht. Wir haben großen Durst und sind müde. Doch die nächste Quelle ist noch eine gute Wegstrecke weg.

Also heißt es, Zähne zusammenbeißen und irgendwie weitergehen. Doch da kommen wir an einer Häuserreihe vorbei. Anwohner haben draußen Wasserflaschen und Stühle hingestellt für die Pilger. Eine Raststation! Was für ein Geschenk an diesem heißen Morgen!

Einige Jahre ist das her. Doch ich erinnere mich als wäre es gestern, wie erfrischend das Wasser aus den Plastikflaschen geschmeckt und uns wieder fit gemacht hat. Und wie dankbar wir den unbekannten Spendern waren. In diesem Moment habe ich gespürt, was es heißt, durstig zu sein, wie ganz normales Wasser meinen Durst stillen kann und welche neue Lebensenergie es mir schenkt.

Genau diese Erfahrung steht im Hintergrund des Evangeliums (Joh 4,5-42), das von der Begegnung Jesu mit einer samaritanischen Frau an einem Brunnen erzählt. Und schnell wird in der Geschichte klar, dass das frische Brunnenwasser zu einer Metapher wird und dass es im übertragenen Sinne um das Wasser geht, das den existentiellen Durst nach Leben stillt.

Wäre das nicht etwas für die nächste Zeit? In diesem Sinne frisches Wasser trinken, das mich zumindest für eine Zeitspanne aus müde machenden Alltagsroutinen herausführt und Neues für mein Leben entdecken lässt?

Mein Vorschlag:

- Reservier dir in deinem Kalender in den nächsten vier Wochen einen Tag. Halt ihn dir komplett frei. Was immer du tun willst, nimm dir vor, an diesem Tag einmal aus deinem gewohnten Alltag mit seinen festen Abläufen und Selbstverständlichkeiten auszubrechen. Probiere zum Beispiel etwas aus, was du bislang noch nicht getan hast. Mach etwas, worauf du immer schon Lust hattest, aber bisher aus welchen Gründen auch immer hinausgeschoben hast. Entdecke einen Ort, den du noch nicht kennst. Riskier ruhig etwas dabei und scheu dich nicht, wenn es anstrengend wird.
- Nimm dir dann am Abend des Tages Zeit zur Rückschau: Was habe ich erlebt? Wem bin ich begegnet? Was hat mich besonders belebt?

Andreas Ruffing (2017)

Lebendig werden

Bist du gut auferstanden heute Morgen?

Stelle dir vor, da stellt dir jemand diese Frage, einfach so, zu Beginn deines Arbeitstages. Wie würdest du reagieren? Welche Reaktion würde die Frage bei dir auslösen?

Vielleicht ein verständnisloses Kopfschütteln: wie unpassend. Auferstehen: das hat doch mit Sterben zu tun und allenfalls mit der Frage, ob es ein Leben gibt nach dem Tode. Ziemlich daneben an einem gewöhnlichen Morgen.

Vielleicht ein verunsichertes Hinterfragen: Werde ich dies gefragt, weil man mir anmerkt, dass ich in letzter Zeit bereits am Morgen todmüde bin und kaum mehr Kraft und Energie aufbringen kann zur Erfüllung meiner Aufgaben?

Oder ist deine Reaktion ein interessiertes Nachfragen: Wie meinst du das mit dem „Auferstehen"? Du denkst mit deiner Frage wohl noch an etwas anderes als an das bloße Aufstehen heute früh, um meine Pflichten zu tun?

In der Tat: Das Neue Testament interessiert sich beim Reden von Auferstehen nicht für das morgendliche Erwachen und auch nicht für Spekulationen über ein Leben nach dem Tod, sondern vielmehr geht es um die Frage: Gibt es bereits ein Leben vor dem Tod? Oder gibt es ein Tod-Sein bereits mitten im Leben?

Die Kräfte des Todes sind für mich da am Werk, wo ich
als Mann nicht mehr Raum und Atem finde, danach zu fragen, wie mein Leben als Ganzes gemeint sein könnte.

Die Kräfte des Todes sind für mich da am Werk, wo ich
nur noch nach Vorgaben und Zielen handle und den Sinnzusammenhang verliere.

Die Kräfte des Todes sind für mich da am Werk, wo ich
mich ständig mir und meiner Umgebung selber neu beweisen muss.

Die Kräfte des Todes sind für mich da am Werk, wo ich
den Kontakt zu mir und zur Lebendigkeit meines Körpers verliere.

Ein Auferstehen sehe ich da am Werk, wo ich
als Mann beginne, selber zu spüren und zu benennen, was mir guttut.
Ein Auferstehen sehe ich da am Werk, wo ich
dem entgegentrete, was meine Lebendigkeit einschränkt.
Ein Auferstehen sehe ich da am Werk, wo ich
zu sagen wage: dies nicht mit mir!
Ein Auferstehen sehe ich da am Werk, wo ich
erahne: ich bin getragen.

Bist du gut auferstanden heute Morgen?

Wie gut zu hören als Mann,
befreit vom Anspruch bin ich nun
meine Leistung zu sehn als Maßstab gelingenden Lebens.
Befreit von tödlichen Kräften bin ich nun
die mein Lebendig-Werden behindern.
Teilhaber darf ich sein, ohne Zutun,
an der Fülle des Lebens.
Wie gut zu hören als Mann!

Andreas Borter (2012)

Einfach schmecken, mit allen Sinnen

Das Glück wartet. Im Einfachen. Im Weglassen. So habe ich es erfahren.

Mein tägliches Glück ist so ein verschrumpelter Apfel, aus dem eigenen Garten, 6 Monate gelagert. Man sieht es ihm an, ein alter Apfel. Aber er schmeckt.

Mein einfaches Glück ist: mich morgens einem solchen Apfel zuwenden, mir Zeit dafür nehmen, die braunen Stellen wegschneiden, … und dann die verbliebenen Stücke essen. Langsam, schmecken, kauen, verdauen. Das bietet mir kein Gourmet-Restaurant.

Was ist dein kleines, einfaches Glück? Denn das suchst du doch?! Oder etwa nicht?

Ich meine nicht das „Glück des Tüchtigen“, das „Glück des Spielers“ oder das schnelle „Glück des Autofahrers“ auf der Überholspur.

Ich meine dieses stille Glück des einfachen Geschmacks – so wie die Waldbeere, das trockene Brot, der Schluck Quellwasser im Mund des Wanderers.

Vielleicht findest du für dich auch so ein kleines, ein symbolisches Glück, das dich immer wieder das Einfache – und das ist meistens das wirklich Wichtige im Leben! – schmecken und spüren lässt?! Zum Beispiel

> 5 Minuten einen Schluck Wasser schmecken, ein Stück
> trockenes Schwarzbrot kauen oder dergleichen.
> 5 Minuten zum Innehalten und Loslassen: den Zeitdruck,
> die Versagensängste, das Getriebensein, die Langeweile,
> die Hektik und Leere.
> 5 Minuten spüren, dass ich mehr bin: Gottes Sohn, ein
> Stück Sternenstaub, ein Funke Ewigkeit.

Mir bewusst einen Schluck Wasser zu gönnen. Oder einen Apfel. Mehr nicht. Dabei: Schmecken. Mit der Zunge. Mit dem Mund. Mit dem Gaumen. Auf der Zunge spüren. (Spüren, nicht analysieren, begreifen; mit der Zunge spüren. Eben: Schmecken. Mich aufs Schmecken konzentrieren.)

„Alle Dinge schmecken ihm nach Gott“, so beschreibt Meister Eckhart (1260-1329) diese Sinnlichkeit, dieses Wahrnehmen mit allen Sinnen.

Mit dem Herzen schmecken. Schmecken, was mir am Herzen liegt. Was könnte das für mich bedeuten? In den nächsten Tagen und Wochen? Den Geschmack des Lebens, meines Lebens – spüren und neu entdecken?!

Hans Prömper (2011)

Rücken

Der Einzug in Jerusalem: Nicht auf einem Streitwagen, Pferd oder Kamel kommt Jesus daher. Nein, auf dem Rücken eines Esels. Jesus hat das bescheidenere, stillere, häusliche Tier bevorzugt. Auf ihn war Verlass als dasjenige Tier, das lange trägt und lange aushält. Friedfertigkeit, Stärke und Gleichmut bei der Arbeit sind weitere Eigenschaften, die dem Esel zugeschrieben werden.

Und Franziskus sah im Leib nicht den schlimmsten Feind der Seele, sondern er sprach eher zärtlich über „Bruder Leib" und „Bruder Esel".

Als Physiotherapeut bin ich mit dem Körper befasst. Trotz des uns umgebenden Körperkultes und auch der Zunahme von Sensibilität und Möglichkeiten, etwas für seinen Körper zu tun, fällt mir auf, dass es dennoch nicht leicht ist, einen Zugang zum eigenen Körper zu finden, geschweige denn, ihn wirklich zu bewohnen. Der Großteil der sportlichen Aktivitäten genügt sich nicht selbst; meist geht es um irgendeine Form von Steigerung oder Vergleich und Wettbewerb. Wir nennen es „gesunden Sport". Doch oft steht dahinter kein gesundes Körperbewusstsein, sondern es erinnert eher an eine „Dressur" des Körpers und an einen Wettkampf mit ihm.

Auch der Slogan „Ein starker Rücken kennt keinen Schmerz", den man allerorts hört, ist von diesem Denken geprägt. Inzwischen weiß man aber: nur ein flexibler Rücken ist ein starker Rücken. Denn isoliertes Training verkürzt die ohnehin verspannte Muskulatur noch mehr.

Oder auch das Gegenteil: die Bewegungsarmut. Häufig höre ich: „Ich habe lange nichts mehr für mich (meinen Körper) getan." Das mangelnde Bemühen um den eigenen Körper ist auch Ausdruck der fehlenden Sorge um sich selbst. Dabei bemerkt man Erschöpfung und Müdigkeit zuerst an körperlichen Reaktionen, wie zum Beispiel erhöhtem Blutdruck, Schlafstörungen etc. Körper und Geist gehören zusammen. Unsere Bewegungen spiegeln unseren Gemütszustand. Es lässt sich auch umdrehen: Unser Gemütszustand, unsere Stimmung wird maßgeblich von unserem Bewegungsleben mitbestimmt.

Wege zu Erholung und Entspannung gibt es viele: Der regelmäßige und ausreichende Schlaf ist der zuverlässigste Weg. Methoden der Entspannung wie autogenes Training, progressive Muskelentspannung oder Meditation verbessern die Konzentration und Selbstkontrolle. Um mehr Bewusstheit in der Bewegung zu erlangen, ist zum Beispiel Feldenkrais sehr hilfreich. Darüber hinaus gibt es viele Alltagsstrategien, die einem den Weg zu *aktiven* Pausen sichern helfen.

Mein Tipp: Nimm dir den Esel zum Vorbild! Ich schlage dir eine einfache und unspektakuläre Methode vor: das Gehen. Gehen ist die natürlichste menschliche Fortbewegungsart. Wahre Regeneration gelingt am besten, indem man sich im Sauerstoffüberschuss in der freien Natur moderat bewegt. Die Natur – auch die des Esels – zu betrachten und sich in ihr gemächlich zu bewegen, birgt meditatives Potenzial. Konnte Jesus auch wegen eines Esels, der in seiner Gemütsruhe seinen Weg geht, er selbst bleiben?

Herbert Meyer (2017)

Dank deinen Füßen

Wie oft und gründlich wäschst du dir eigentlich deine eigenen Füße? Einmal am Abend und dann genügt es doch, wenn Wasser, vom Rest des Körpers, ohnehin von oben kommend, drüber läuft? Bedenkt man, was Füße alles mit sich rumtragen – den eigenen Körper, Schweiß und Wärme liebende Bakterien, neue und alte Schuhe; im Falle von Barfüßigkeit auch Staub der Straße, Asbest, Teer, tierische Stoffwechselendprodukte, Rasenschnitt – schließt sich die Frage an, ob es nicht noch andere Pflegezeiten für die eigenen Füße geben müsste. Welche Rechte haben meine Füße?

Hast du schon einmal einem anderen Mann am Ende des Tages, nach Arbeit, Einkauf, Sport, mitten hinein in den ganz normalen Lebensalltag die Füße gewaschen? Abgesehen von denen unter uns, die als pflegende Männer arbeiten, geschieht das eher selten.

Wenn wir ehrlich sind, dann laufen unsere Füße doch schlicht und ergreifend einfach mit. Sie sind da. Tragen und ertragen alles. Während Gedanken irgendwo sein können … meine Füße stehen fest zu mir, geben mir Halt, sind immer da.

Das klingt wie selbstverständlich, ist es aber nicht.

Schon mal einen eingeschlafenen Fuß gespürt, einen Stein im Schuh gehabt oder eine Blase unter der Sohle? Dann weißt du, wie eingeschränkt und schmerzhaft das Leben plötzlich sein kann. Was, wenn Füße nicht mehr ihre Dienste erfüllen und „Gehilfen" zum Lebensbegleiter werden.

Als Männer werden wir früher oder später genau damit konfrontiert werden. Dann „läuft" plötzlich vieles ganz anders oder auch gar nicht mehr. Wir werden damit leben lernen, gleichwohl ist die Krise darin garantiert.

Respekt an alle, die diese gemeistert haben! Danke für euer Vorbild!

Und jetzt stell dir vor, dein „Meister" und bester Freund, der Mensch, der dir größtes Vorbild ist, stünde auf, würde sich dir zu Füßen setzen und dir deine Füße waschen mit den Worten: „Was ich tue, verstehst du jetzt noch nicht" (Joh 13,7).

Jesus wendet sich den Füßen seiner Lehrlinge zu. Er wendet seinen Blick und sein Anpacken dem zu, was ganz normal, ganz selbstverständlich mitläuft. Er würdigt den ganz normalen Fuß mit ganzer Aufmerksamkeit und mit den Worten „Wenn nun ich, der Herr und Meister, euch die Füße gewaschen habe, müsst auch ihr einander die Füße waschen" (Joh 13, 14).

Bevor es an die Füße der anderen geht, genügt ja vielleicht ein erster Versuch: Hingabe, Zuwendung und Dank an die eigenen Füße.

Sebastian Mutke (2017)

Bedenke, dass du endlich bist!

Ist es nicht tatsächlich so, dass viele von uns Männern ihren Alltag in dem Bewusstsein leben, vielleicht doch vom Tod verschont zu bleiben? Irgendwann dämmert es dann so manchem, dass da noch etwas kommt, was Mann allerdings überhaupt nicht gut finden kann: das Ende. Die Endlichkeit – sie stört.

Ich finde es hilfreich, mitunter an den eigenen Tod zu denken und auf mein Leben zurückzublicken: Was habe ich in diesem Leben gemacht? Wie haben mich die anderen Menschen erlebt? Wie bin ich mit ihnen umgegangen? War es ein halbwegs stimmiges Leben? Welche Ideale hatte ich? Was war mein Lebensmotto? Hatte ich überhaupt eines? Wo bin ich gescheitert? Und warum?

Solche Rückblicke empfinde ich deshalb als hilfreich, weil sie so manchen Anspruch relativieren helfen, den ich an mich selbst stelle oder den andere an mich stellen. Sie erleichtern es mir, nicht perfekt sein zu müssen, zu akzeptieren, dass mein Leben immer auch Fragment sein wird und bleiben darf. So manche Aufregung um dieses Leben legt sich innerlich. „Froh sein können jene, die im Tod in Gott getröstet und aufgerichtet werden", könnte es im Sinne der Bergpredigt Jesu heißen.

Der bewusste Gedanke an die Endlichkeit muss nicht abtörnen, wie vielleicht mancher befürchten mag. Er kann im Gegenteil belebend und bestärkend wirken. Er kann auch als Ansporn dienen, den einen oder anderen Akzent im eigenen Leben zu verändern, neu auszurichten oder aufzugeben. Was ich spüre, wenn ich mich meiner Endlichkeit bewusst aussetze: Es geht um mein ureigenes Leben, das einmal zu Ende sein wird. Es geht um so etwas wie meine „Mission". Habe ich eine?

Jesus von Nazareth wollte den elenden Tod der Kreuzigung nicht sterben – so zeichnen es die biblischen Autoren. Er wollte, dass „dieser Kelch an ihm vorbeigeht". Nur zu verständlich. Aber: Jesus wird als ein Mann geschildert, der sich selbst treu blieb. Der aus einer vertrauensvollen Beziehung zu seinem Gott lebte und diese nicht in Frage stellte. Und der die Menschen im Namen dieses Gottes aus einer großen Menschenliebe heraus ermutigte und aufrichtete. Das war seine Mission. Darin blieb er sich treu – bis zum bitteren Ende. Ein „Heldentod" der anderen Art.

Diese Botschaft, die seine Anhänger literarisch gestalteten und damit weitergaben, „hat etwas". Sie spricht mich an. Denn auch mir ist wichtig, halbwegs stimmig mit mir zu sein; auch wenn das nicht immer gelingt. Ich möchte nach den humanen Werten, die von dem Mann aus Nazareth inspiriert sind, leben. Ich möchte mir selbst in meiner letzten Stunde – so ich sie bewusst erlebe – halbwegs im Spiegel in das Gesicht sehen können.

Hartmut Meesmann (2010)

Kapitel 4:
Selbstliebe

Mir selbst ein Freund sein

Die Woche über bist du wahrscheinlich hauptsächlich dein „Berufs-Ich". Da musst du oft dein „Gesicht hart machen wie einen Kiesel" (Jes 50,7), weil so manches auszuhalten ist, was deinem eigentlichen Ich nicht entspricht. Pokerface. Höflich sein. Zweckorientiert. Du hast halt deine Rolle.

Wer bist du aber – zum Beispiel am Sonntag? Das übliche Freizeitprogramm: Verwandte besuchen, ins Fitnessstudio gehen, die sozialen Netzwerke weiterknüpfen? Ein Rollenwechsel? Also wieder einen Sinn und einen Zweck erfüllen. Muss sicher auch sein. *Business as usual.*

Wie wär's alternativ zur Abwechslung mal damit? Hören!

Mein persönlicher Tipp: Im Wald hören, ist im Frühling besonders schön, weil die Natur langsam wieder erwacht. Morgens singen die Vögel und tagsüber kannst du förmlich spüren, wie die Bäume schier platzen vor Lebendigkeit. Aber auch zu den anderen Jahreszeiten ist der Wald spannend zu hören: das Rauschen des Sommerwindes in den Baumkronen, das Rascheln der Blätter unter deinen Füßen im Herbst, das Bersten von Eis, wenn du einen Fuß in eine zugefrorene Pfütze setzt, und noch viel mehr.

Geh also in den Wald. Nimm dir eine angemessene Zeit dafür, mindestens aber eine Stunde. Setze dir kein Ziel. Nimm das nicht zu leicht, denn es ist wichtig, einmal ohne Ziel zu gehen. Anders als im Alltag. Geh den Weg, der vor dir liegt. Lass dich ansprechen von dem, was dir dort entgegenkommt. Nimm nichts mit, weder Fotoapparat noch Smartphone. Nur dich.

Dem du dann begegnest, ist nicht immer dein bester Freund. Er schmeichelt dir nicht, wie dein Mitarbeiter. Der Vorteil ist aber: Du musst nicht Wer sein. Hier im Wald, nur den Weg unter deinen Füßen als einzigen Begleiter, kannst du das alles loslassen und dich spüren. Ohne Bewertung, ohne Einordnung, ohne Unterscheidung des Geistes. Einfach sein.

Weil das aber gar nicht so „einfach" ist, brauchst du die Hilfe des Waldes. Der großartigen, ewig dastehenden Bäume, der hundert verschiedenen Moose, die das Wasser speichern, der unsichtbaren

Helfer der Bäume, ein unwahrscheinlich großes Netzwerk an Wurzelgeflecht der Pilze. Alles ist einfach so da. Für dich.

Das Hören der Natur vertieft das Verständnis für dich selbst. Oder sollen wir sagen: das Einverständnis mit dir selbst?

„Gott der Herr hat mir das Ohr geöffnet. Ich aber wehrte mich nicht und wich nicht zurück.“ (Jes 50,5)

Andreas Heek (2016)

„Gönne dich dir selbst.“ Ein Rat gegen Überarbeitung und Burnout

Er ist eine Stimme aus dem Mittelalter an die Arbeitsmänner von heute: Bernhard von Clairvaux (1090-1153). Der Gründer des Zisterzienserordens schreibt an seinen früheren Schüler und Mönch, Papst Eugen III.:

„Es ist viel klüger, du entziehst dich von Zeit zu Zeit
deinen Beschäftigungen, als dass sie dich ziehen
und dich nach und nach an einen Punkt führen,
an dem du nicht landen willst.

Wenn du dein ganzes Leben und Erleben völlig
ins Tätigsein verlegst
und keinen Raum mehr für Besinnung vorsiehst,
soll ich dich da loben?

Auch du bist ein Mensch.
Damit deine Menschlichkeit allumfassend
und vollkommen sein kann,
musst du also nicht nur für alle anderen,
sondern auch für dich selbst ein aufmerksames Herz
haben.

Denk also daran:
Gönn dich dir selbst.
Ich sage nicht: Tu das immer,
ich sage nicht: Tu das oft,
aber ich sage: Tu es immer wieder einmal."[10]

„Gönn dich dir selbst." Du kannst dich fragen: Wann, wo und wie finde ich diesen Raum für mich? Fulbert Steffensky, der früher auch Mönch gewesen war, rät in seinem Buch *Schwarzbrot-Spiritualität* zu einfachen Dingen, auch in spirituellen Fragen:

- Entschließe dich zu einem bescheidenen Vorhaben. Das kann eine regelmäßige kurze Zeit der Unterbrechung sein: für ein Gebet, einen kurzen Text, eine Körperübung, für einen Moment des Stillsitzens.
- Gib diesem Vorhaben eine feste Zeit. Das muss nicht jeden Tag sein. Aber ein regelmäßiger Rhythmus macht dich frei von deinen Launen.
- Gib deinem Vorhaben einen festen Ort.
- Rechne nicht mit Höhenflügen. Meditieren, Beten, Lesen – das ist oft langweilig und trocken.
- Sich Zeit nehmen, still werden ist nicht Nachdenken. Gönne dir ein Stück Passivität.
- Sei nicht gewaltsam zu dir selbst. Wenn du dich nicht sammeln kannst, lass es. Aber halte dir die Zeit frei für dich.[11]

„Gönn dich dir selbst." Das braucht einen Anker im Leben. Welchen hast du für dich?

„Ora et labora" – Bete und arbeite, die Devise der Zisterzienser könnte uns helfen, mehr im Gleichgewicht zu bleiben. Ich halte das für keinen schlechten Ratschlag für ein gelingendes Leben.[12]

Hans Prömper (2007)

„Erträge meines Lebens“

„Ertrag“ ist ein ökonomischer Begriff. Wenn Landwirte oder Winzer auf eine gute Ernte zurückblicken können, Anleger am Jahresende mit ihren Geldgeschäften Gewinn gemacht oder ein Unternehmen eine erfolgreiche Bilanz vorzuweisen hat, dann waren dies ertragreiche Geschäfte. Gute Erträge sind für alle Beteiligten immer auch Grund zu Zufriedenheit, Freude und Stolz.

Von Erträgen ist auch im alttestamentlichen Text aus dem Buch Deuteronomium die Rede (Dtn 26,4-10). Gott fordert das Volk Israel dazu auf, ihm die erste Ernte von seinen Feldern und Plantagen zu präsentieren. Ich kann mir vorstellen, dass die Menschen das damals mit großer Zufriedenheit, mit Freude und Stolz getan haben.

Heute, nur heute ist der Tag, an dem ich mich genau dazu einmal von Gott anstiften lassen will: Ihm von den guten Erträgen meines Lebens erzählen, mit Zufriedenheit, Freude und Stolz. Zehn Minuten einer guten Lektüre widmen, empfiehlt Papst Johannes XXIII. in seinem fünften Gebot der Gelassenheit. Die gute Lektüre, das ist für mich heute die Lektüre des eigenen Lebens. Dabei an diesem Tag einmal ganz bewusst darin lesen, was es an Gutem, Gelungenem, Ertragreichem in meinem Männerleben zu entdecken gibt. Sich also bewusst nicht mit dem beschäftigen, was misslungen ist, was schmerzt und bohrt, was noch unbeantwortet und unbearbeitet geblieben ist. Sondern zehn Minuten dieser guten Lektüre des eigenen Lebens widmen, darin lesen und Gott daraus vorlesen.

Das ist mein Vorschlag für heute. Zehn Minuten Zeit für mich selbst, zehn Minuten Zeit für Gott – mit den guten Erträgen meines Lebens.

Suche dir dazu einen Ort der Stille, einen Ort, an dem Gott für dich nahe sein kann. Wenn du diesen Ort zu Hause nicht findest, gehe nach draußen, mache einen Spaziergang. Oder gehe in eine Kirche oder in eine Kapelle. Beginne dann mit der Lektüre deines Lebens. Nein, schau nicht auf dein ganzes Leben. Nimm die letzten Monate in den Blick.

Vielleicht helfen folgende Fragen:

- Was hat mir in der letzten Zeit besonders Freude gemacht? Ein Erlebnis, eine Begegnung oder auch eine Arbeit, die ich getan habe?
- Erinnere ich mich an einen Tag, an dem ich abends zufrieden ins Bett gegangen bin? Was hat mich so zufrieden gemacht?
- Gab es Momente, in denen ich besonders stolz gewesen bin, auf Menschen, die mir etwas bedeuten, aber auch auf mich, vielleicht weil mir etwas besonders gut gelungen ist?

Lese und nimm Gottes Wunsch mit: „Dann sollst du fröhlich sein und dich freuen über all das Gute, das der Herr, dein Gott, dir und deiner Familie gegeben hat.“ (Dtn 26,11)

Andreas Ruffing (2013)

Mit dem Herzen sehen

„Man sieht nur mit dem Herzen gut. Das Wesentliche ist für die Augen unsichtbar.“ (Antoine de Saint-Exupéry)

So lautete das Motto der 100-Jahr-Feier meiner Schule. Dazu gab es Kreuze mit einem ausgestanzten Herzen, die man sich umhängen konnte. Aber das Motto blieb mir in seiner Bedeutung als Schüler irgendwie verschlossen. Wie kann man mit dem Herzen sehen? Oder mit dem Herzen denken? Der nüchtern Denkende in mir antwortete: „Das Herz ist ein Muskel. Für das Sehen sind die Augen zuständig und für das Denken das Hirn.“

Doch diese radikale Nüchternheit greift zu kurz, denn im Herzschlag schlägt sich der Gefühlszustand nieder. Mein Herz schlägt schneller, wenn ich aufgeregt bin. Es pocht lauter, wenn ich Angst habe oder beklommen bin. Es setzt kurz aus, wenn ich mich erschrecke. Wenn ich also über etwas oder jemanden nachdenke, ist mein Herz daran beteiligt.

Dies gilt nicht nur im körperlichen Sinn, sondern auch im übertragenen Sinn. Das Herz ist in unserer Kultur das Symbol für die Liebe und darüber hinaus für Gefühle überhaupt. Insofern bedeutet „mit dem Herzen sehen" auch, in Kontakt mit seinen eigenen Gefühlen zu sein, um durch diese „Bauchantenne" empfänglich zu sein für das Gefühl, das mein Gegenüber gerade bewegt.

Die beiden Jünger in der Emmausgeschichte (Lk 24,13–35) sehen Jesus zuerst nur mit ihren Augen. Sie sind frustriert über das klägliche Ende der Jesusbewegung, der sie sich angeschlossen hatten und in die sie viel Energie gesteckt hatten. Sie sind vollkommen damit beschäftigt, in ihre Gedanken und Gefühle wieder Ordnung und Klarheit zu bringen. So sind sie nicht offen, um den fremden Begleiter, der sich ihnen unterwegs angeschlossen hat, wirklich wahrzunehmen. Erst wieder zu Hause an- und zur Ruhe gekommen, öffnen sich ihnen die Augen. Was sie sehen und fühlen, steht wieder im Einklang miteinander. Ihre Niedergeschlagenheit wandelt sich und sie spüren wieder die Energie, die in ihnen steckt. „Brannte uns nicht das Herz in der Brust?"

Brennende Herzen? – Sofort schrillen bei mir die Alarmsirenen: Wer für etwas brennt, der ist von „Burn-out" bedroht! Ist es da nicht vernünftiger, mein Engagement zu zügeln? Doch darf mich die Angst davor nicht in Passivität führen.

Seit 1990 engagiere ich mich dafür, dass die Kirche Schwule und Lesben als gleichberechtigt anerkennt. Das ist meine persönliche Berufung, eine Vision, für die ich brenne. Hier sind viele dicke Bretter zu bohren. Dabei habe ich gelernt, meine Energien nicht in aussichtslosen Konflikten mit Hardlinern zu verschwenden, sondern lieber kreativ nach neuen, bislang unbekannten Wegen zu suchen. Ich habe gelernt, langfristig zu denken und nicht jedem Gefühl der Empörung zu folgen, mir stattdessen Pausen zu gönnen, wenn ich erschöpft bin. Einerseits kommt dann doch wieder die Nüchternheit durch, aber andererseits habe ich gelernt, auch mich selbst „mit dem Herzen zu sehen".

Michael Brinkschröder (2017)

Das Innere achten

Wir können nicht jeden Morgen darüber nachdenken, mit welchem Fuß wir aufstehen sollen. Gewohnheiten und automatisierte Abläufe erleichtern unseren Alltag. Andererseits besteht die Gefahr, dass im beruflichen wie privaten Alltag Dinge zum Trott werden, dass Bedeutsames allzu selbstverständlich wird und Lustvolles zur reinen Gewohnheit. Man könnte sagen: Wir haben dann zwar Hunger, aber keinen Appetit mehr – und das gilt nicht nur für das Essen.

Fasten ist zwar modern, aber meist nur als Abspecken um die Hüften. Fasten im weiteren Sinne als eine gezielte Unterbrechung, als zeitweiliger Verzicht auf Liebgewonnenes, könnte uns erst wieder hungrig werden lassen, den lustvollen Appetit wieder wecken auf Dinge, die manchmal vielleicht schon zur schalen Gewohnheit geworden sind. „Ich habe zwar alles, aber ich habe auf gar nichts mehr wirklich Lust", erzählte mir einmal ein deprimierter Mann. Da wäre ein umfassendes Abspecken angesagt, ein echtes Fasten, das uns wieder hungrig macht, nicht zuletzt wieder hungrig nach dem Leben.

Jesu Fasten mit den vierzig Tagen und Nächten in der Wüste war noch radikaler, war eine seelische Reinigung ganz besonderer Art. Nicht zufällig steht diese kräftige Geschichte vor dem ersten öffentlichen Auftreten Jesu, für das er sich mit seinem Fasten reinigt, stärkt und so die letztendliche Klarheit gewinnt. Dazu hilft ihm der Widersacher, der ihn dreimal versuchen will. Er verführt ihn – und das spricht uns Männer schon an – mit der Aussicht auf Reichtum und Macht, mit der Verlockung von Ruhm und Ehre, mit dem verführerischen Glanz des erfolgreichen Wohltäters, dem unverwundbaren Helden. Damit will er Jesus auf die Probe stellen, ihn verführen, Macht über ihn erlangen.

In diesen vierzig Tagen in der Wüste hat Jesus nicht nur gefastet, sondern seinen Weg gefunden, seine wahre Berufung. Darum konnten ihm die hohlen Versprechungen des weltlichen Glanzes nichts anhaben. Wenn ich nämlich tue, wozu ich berufen bin, dann strahlt mein Tun auf die Umgebung aus, dann hat es Kraft und Feuer. Im Evangelium heißt es zum Schluss: Es kamen Engel und dienten ihm! Die Frage ist verrückt, aber vielleicht könnten wir es einmal darauf ankommen lassen: Was muss ich tun, damit auch mir „die Engel dienen“? Vielleicht brauchen wir eine Zeit der Stille, vielleicht hilft fasten, vielleicht eine längere einsame Wanderung – aber nicht aufgeben, bis wir darauf eine Antwort gefunden haben, und dauere es vierzig Tage und Nächte.

Markus Hofer (2010)

Eine besondere Rolle spielen

Wer wollte das nicht: beachtet werden oder etwas Besonderes sein? Wir Männer tun ja oft viel dafür, um groß herauszukommen – im Beruf, im Sport, in der Clique, bei den Frauen, in der Politik. Einige bewegen sich dabei in der ersten Reihe, andere im Mittelfeld oder in den hinteren Bänken. Ob nun als Stürmer oder als Verteidiger: Die eigene unverwechselbare Rolle zu spielen und damit von anderen geschätzt zu werden, gibt mir ein prima Gefühl. So ist es gut und wäre für alle wünschenswert.

Doch bisweilen beschleicht uns die Sorge, überhaupt keine Rolle zu spielen. Das wäre das Schlimmste. Vielleicht ist es diese Angst, die uns verkrampfen lässt. Die einen neigen dann zu einer resignativen Haltung und finden keine passende Rolle, weil sie sich (vielleicht nach schlechten Erfahrungen) zu wenig zutrauen. Andere verlieren die Maßstäbe des Leistbaren oder den Blick für andere. Sie kennen nur Sieger und Besiegte.

Wir alle kennen Beispiele aus Beruf oder Politik, wo Menschen ihre Fähigkeiten überschätzen – oft mit schlimmen Folgen. Wer seine Rolle überreizt, fällt selber tief und zerstört vertrauliches Miteinander.

Schon das Alte Testament stellt uns mit König David einen großen Staatsmann vor, der seine zwei Seiten hat. Mit gutem Gespür für den politischen Erfolg eint er das Großreich Israel, erobert Jerusalem und fördert die wirtschaftliche, kulturelle und religiöse Entwicklung. Auch als Psalmdichter und Musiker macht er sich einen Namen. Die Kehrseite: für politische Zwecke schreckt er nicht vor Mord, privat nicht vor Ehebruch zurück. Wahrlich ein starker Charakter, der seine Rolle zu spielen weiß, aber zum moralischen Vorbild nicht so recht taugt.

Vorbildlich ist seine Gottesbeziehung, mit der er sein ganzes Leben seine Aufgaben und Möglichkeiten als von Gott geschenkt betrachtet. Der Glaube trägt ihn durch und durch. So kann er auch Angst, Trauer und Schuld eingestehen und vor Gott bringen.

Bemerkenswert auch seine Erwählung zum König: Gottes Wahl fällt nicht auf eine königliche, sondern auf eine Hirten-Familie. Nicht die älteren, attraktiveren Brüder werden erwählt, sondern der Jüngste, der Hirtenjunge. Gott, so heißt es, schaut nicht auf das Äußere, sondern auf das Herz, also den inneren Kern.

Seine Startposition ist somit nicht selbst erarbeitet, sondern geschenkt. Wir fangen vor Gott mit unserer Rolle im Leben nicht bei Null an, sondern sind schon auserwählt. Bevor wir uns das Ansehen erarbeiten, hat er uns schon angesehen und ausersehen, unseren Weg zu finden und zu gehen. Mit der Taufe ist dies im Zeichen zugesprochen und besiegelt. So können wir zuversichtlich und locker unsere besondere Rolle suchen und ausfüllen. Bei Gott sind wir nämlich längst schon wer (vgl. 1 Sam 16,1b.6–7.10–13b).

Günther Oberthür (2011)

Licht werden

„Lebt als Kinder des Lichtes!", fordert Paulus von den Ephesern. Auch von uns? Von erwachsenen Männern? Wir sind Erwachsene, nicht Kinder. Und Licht? Zu viel wissen wir vom Dunkel der Welt. Zu oft prägt uns das Gefühl, im Tunnel zu sein. Im Tunnel der Arbeit, der Beziehung, der Mühen des Lebens, der Geldsorgen, der Sorge um Kinder oder alte Eltern. Wir sind lebenserfahren und wissen: Da sind viele Durststrecken ohne Licht. Und dann sind da noch Sätze wie: „Hochmut kommt vor dem Fall", „Sei nicht überheblich", „Bleib auf dem Boden". Da ist „Kind des Lichtes" sein eher etwas für

Esoteriker, aber nicht für gestandene, lebenserfahrene, realistische Männer. Oder doch? Sohn des Lichtes sein? Ich meine „Lichtsein" – das ist eigentlich eine ziemlich gute Zumutung!

Der folgende Text wurde lange Zeit Nelson Mandela zugeschrieben, es ist aber eine Frau, die ihn uns Kleinmütigen und Lichtscheuen ins Stammbuch schreibt:

„Unsere tiefgreifendste Angst ist nicht,
dass wir ungenügend sind.
Unsere tiefste Angst ist,
unermesslich kraftvoll zu sein.

Es ist unser Licht, nicht unsere Dunkelheit,
das uns am meisten ängstigt.

Wir fragen uns: wer bin ich,
mich brillant, großartig, talentiert,
phantastisch zu nennen?
Aber – wie kannst du es wagen, dich nicht
so zu nennen?

Du bist ein Kind Gottes.

Dich selbst klein zu halten,
dient nicht der Welt.
Es ist nichts Erleuchtetes darin, dich klein zu machen,
sodass sich andere um dich herum
nicht unsicher fühlen.
Wir sind dazu geboren, die Größe Gottes,
der in uns wohnt, zu manifestieren.
Sie ist nicht nur in einigen von uns,
sie ist in jedem und jeder Einzelnen.

Und wenn wir unser Licht leuchten lassen,
geben wir unbewusst anderen die Erlaubnis,
dasselbe zu tun.

> Wenn wir von unserer eigenen Angst befreit sind,
> befreit unsere Gegenwart automatisch andere."[13]
> (Marianne Williamson)

Mein Vorschlag: Auf Dunkles verzichten. Mich einmal ins Licht stellen. Oben, auf den Berg, auf den Stuhl, auf den Sockel. Mein Licht nicht unter dem Schemel verbergen. Weniger ist nicht.

Konkret:

1. Meiner falschen Bescheidenheit auf die Spur kommen. Vielleicht finde ich in den nächsten Tagen Zeit, mich ernsthaft zu fragen, wo ich mein Licht unter den Scheffel gestellt habe. Wo war ich zu bescheiden? Wo habe ich mich mit meinen Bedürfnissen versteckt? Wo hatte ich Angst, zu mächtig zu sein? Und: Wem habe ich damit eigentlich einen Gefallen getan? Damit es besser wirkt, kann ich mir das aufschreiben.
2. Mich im Licht wärmen. Eine kleine Licht-Übung. Sobald mal die Sonne scheint, kann ich mir einen alten Baum oder eine Erhöhung suchen. Einen alten Baum, an den ich mich mit dem Rücken anlehne. Einen Felsen oder Stein, auf den ich mich stelle. Oder einen Turm, von dem ich runterschauen kann. Vielleicht ziehe ich sogar meine Schuhe aus, stehe mit beiden Füßen auf der Erde. Und ich halte mein Gesicht in die Sonne. Ich schließe die Augen und genieße die Sonne auf meinem Gesicht. Ich bin ein Kind des Lichtes, ein Kind Gottes. Ich bin berufen, mein Licht leuchten zu lassen.

Hans Prömper (2014)

Kapitel 5:
Verwandlung

Ändern leben

Es fühlt sich immer etwas seltsam an, wenn Dinge zu Ende gehen. Vor allem ist es seltsam, wenn man sich gerade daran gewöhnt hat. Und plötzlich fängt etwas Neues an.

Die Fastenzeit ist ein gutes Sinnbild dafür: Sie geht vorbei, und dann darf wieder etwas Neues anfangen, aufblühen, auferstehen. Manchmal allerdings machen Veränderungen Angst. Angst vor dem, was kommt; vor dem Unerwarteten, dem Unbekannten, dem Anderen. Es ist nicht ganz unwichtig, wie wir mit unseren Veränderungsängsten, den Unsicherheiten und den noch offenen Fragen umgehen.

Oft geraten wir in den Modus, die Veränderung kontrollieren zu wollen. Auf Facebook hat mal jemand gepostet: „Du musst dein Ändern leben." Und bestimmt geht es zu Ostern genau darum, nicht etwas zu kontrollieren, sondern die Veränderung zu leben und Leben hineinzulassen. Die Unsicherheit werden wir dabei nicht ohne Weiteres los, aber wir nehmen sie an und verstehen sie als ein Teil unseres Mannseins.

Erleben durfte ich das in meinem Leben persönlich vor nicht allzu langer Zeit. Da habe ich meinen alten Job losgelassen und erst durch das Annehmen der Veränderung und das Hineinbegeben in das Unbekannte Platz gefunden für eine neue Aufgabe. Und daher gilt der Zuspruch, den Petrus mit einem Psalm zu uns spricht: „Ich habe den Herrn allzeit vor Augen, denn er steht mir zur Rechten, dass ich nicht wanke. Darum freut sich mein Herz und jubelt meine Zunge, und auch mein Leib wird in Hoffnung ruhen; denn du gibst meine Seele nicht dem Untergang preis und lässt deinen Heiligen nicht die Verwesung schauen. Du hast mir die Wege des Lebens kundgetan, du erfüllst mich mit Freude vor deinem Angesicht" (Apg 2,25–28 bzw. Ps 16,8–11).

Als Impuls möchte ich Ihnen als Mann gern das zehnte Gebot der Gelassenheit von Papst Johannes XXIII. mitgeben: „Heute, nur heute werde ich keine Angst haben. Ganz besonders werde ich keine Angst haben, mich an allem zu freuen, was schön ist, und an die Güte zu glauben."[14]

Martin Zimmer (2013)

Schmecke dein Leben!

Jetzt, mit knapp 30, habe ich mich in meinem Leben eingerichtet. Die ersten Jahre im Job liegen hinter mir, die ersten Ehejahre auch. Im Großen und Ganzen würde ich behaupten, es läuft, ja, vielleicht läuft es sogar ganz gut. Beschweren kann ich mich jedenfalls nicht. Und so ist es eigentlich auch ein ganz schönes Gefühl, zu wissen, wohin es in meinem Leben geht. Aber ehrlich gesagt fand ich die Zeit mit Anfang 20, als die großen Fragen „Was wird aus mir?" und „Wo werde ich mal landen?" noch nicht geklärt waren, doch um einiges aufregender. Die damalige Naivität, die mich glauben ließ, ich könne aus meinem Leben machen, was ich wolle, und mir stünden alle Möglichkeiten offen, vermisse ich schon ein bisschen. Irgendwie habe ich mich damals einfach lebendiger gefühlt. „Wenn man nicht spürt, dass man lebt, wird das Leben sinnlos." Dieser kompromisslose Satz aus dem James-Bond-Film *Die Welt ist nicht genug* (1999) hinterfragt mein ach so gut eingerichtetes Dasein.

Bin ich in den letzten Jahren zu viele Kompromisse eingegangen? Warum fühle ich mich nicht mehr so lebendig? Mich dürstet danach, mein Leben intensiv zu fühlen, zu spüren, zu schmecken. Da kommt ER ins Spiel. Der Mann aus Nazareth – kaum älter als ich heute bin – weckt in mir wieder diese Sehnsucht nach einem kompromisslosen Leben. Er ließ sich nicht einschüchtern von irgendwelchen staatlichen oder kirchlichen Autoritäten, von Konventionen und gesellschaftlichen Normen. Drohungen konnten ihn nicht von seinem Weg abbringen. Und auch wenn er sich manchmal überfordert fühlte, zweifelte, ja sogar bitterlich weinte, so lebte er sein Leben doch am Limit.

Und mit IHM taucht die Frage auf, die neben meinem Familienstand und meinem Beruf für mein Bild von mir selbst elementar wichtig ist: Was bedeutet es für mich, dass ich Christ bin, dass ich mir diesen Jesus von Nazareth zum Vorbild nehme? Vertraue ich wirklich darauf, dass Gott selbst den Tod in Leben verwandeln kann und dass am Ende alles gut wird?

Die Antwort auf diese Frage bleibt erstmal offen; aber ich will mich auf die Suche machen, nach neuen großen Fragen für mein

Leben. Ich will genau hinschauen auf die Dinge, die da immer noch falsch laufen in der Welt. Ich will ausprobieren, was ich tun kann, um das alles hier ein bisschen besser zu machen. Plötzlich ist sie wieder da, diese gewisse Unruhe in mir. Da gibt's noch so viel zu tun. Da ist noch gar nichts eingerichtet. Und ich merke, dass da wieder was geht. Ich schmecke mein Leben.

Florian Meier (2011)

Der Türsteher: „Du bist ja ein Mann, erinnerst du dich noch?"

Was für ein eigenartiger Türsteher versperrt mir den Zugang zur Wandlung? Eine gebückte Haltung, ein barmherziger Blick, eine geradlinige Bestimmtheit ist in seinen Augen. Der weiß ganz genau, was er tut! Verhandeln, bitten oder betteln sinnlos. Demütig, aber nicht unterwürfig, dienend, aber nicht dienstbar. Dieser Kerl verwirrt, verweigert und fordert heraus. Seine Botschaft lautet: Handle nach meinem Beispiel, aber imitiere mich nicht! Bleibe authentisch, bleibe du selbst, dann darfst du eintreten. Abbilder, Imitate, Reproduktionen müssen draußen bleiben. Sie haben keinen Anteil an mir, keinen Zugang. *No pasarán!*

Seine verlockende Frage lautet: Du bist ja ein Mann, erinnerst du dich noch? Schau mich an, wie ich vor dir knie! Sieh meine schmutzigen Hände, schmutzig von deinem Schmutz, vom Dreck der Erde. Mach dir doch endlich selbst die Hände schmutzig! Raus aus der Komfortzone! Grab in deinem Dreck, leg den Zugang frei, du hast es in der Hand, selbst Hand anzulegen, nicht für dich selbst, sondern um deiner selbst willen!

Der Türsteher verspricht dir keine Erlösung. Er zeigt in seinem Tun einen Weg zu deinem Wandel. „Ich habe euch ein Beispiel gegeben, damit auch ihr tut, wie ich an euch getan habe" (Joh 13,15). Seine Aufforderung beinhaltet eine beinharte Selbsterforschung: Herrsche ich in meinem Herr-Sein? Belehre ich in meinem Meister-Sein?

Für jene, die sich um Jesus versammeln, ist das Dienen maßgeblich. Das ist oft mühsam, anstrengend und frustrierend. Jesus verlangt für seine Nachfolge, dass wir den Umweg gehen, nicht die gerade Strecke, den direkten Weg zum Ziel, sondern die mäandernden Schleifen des Lebens. Auf diesem Weg gibt er uns sich selbst als Stärkung, als Proviant mit.

Der Zugang zum Platz am Abendmahl öffnet sich im Wandel. In der Nachfolge Jesu werden wir selbst Türsteher. Der Blickwinkel ändert sich. Nicht der erhabene Zeigefinger, sondern der dienende, sich selbst in seiner Herrlichkeit erniedrigende Mann zeigt uns beispielhaft eine andere Lebenswirklichkeit. Vielleicht lässt es in uns auch eine Sehnsucht keimen, die verborgen in Männern schlummert? Vielleicht öffnet sich ein Spalt zu einer Welt, die der gegenwärtigen Gesellschaft widerständig erscheint, der wir aber durch unser konkretes Tun, durch unsere Wandlung, zur Wirklichkeit verhelfen können. Der Türsteher wird zur Tür, zur Schwelle, zur Verheißung.

Wolfgang Schönleitner (2015)

Allmachtsphantasien oder: Die Offenheit des Findens

In seinem Buch *Die Krise der Männlichkeit in der unerwachsenen Gesellschaft* (2006) porträtiert der bekannte Psychoanalytiker Horst-Eberhard Richter Wernher von Braun, den Konstrukteur der amerikanischen Mondrakete – und der deutschen V2-Rakete aus dem Zweiten Weltkrieg. Zeit seines Lebens war dieser Forscher von immer neuen und immer ehrgeizigeren Weltraumplänen beherrscht. Sein Blick war nach vorne gerichtet auf die jeweils neue Herausforderung. Alles andere spielte keine Rolle. Seine Vergangenheit als Forscher in Diensten Hitlers: kein Problem für ihn. Der Wechsel zu den Amerikanern: notwendig, um weitermachen zu können. Skrupel angesichts der möglichen Folgen seiner Arbeit in Zeiten atomaren Wettrüstens: Fehlanzeige. Als zehnjähriger Junge, der fasziniert die Mondlandung miterlebt hat und stolz auf sein großes Pappmodell der Saturn-V-Rakete war, habe ich diesen Mann bewundert. Heute sehe ich das anders.

„Denkt nicht mehr an das, was früher war; auf das, was vergangen ist, sollt ihr nicht achten!“ Dieser Satz aus dem Buch Jesaja (Jes 43,16-21) freilich scheint das Lebenskonzept eines Wernher von Braun zu bestätigen. Es ist ein Lebenskonzept, das wir Männer nur zu gut kennen, weil es uns oft genug als „typisch männlich“ verkauft wird: Erfolg im Leben hat nur der, der konsequent nach vorne marschiert und sich in seinen selbstgesteckten Zielen nicht beirren lässt. Zurückschauen und Innehalten haben da keinen Platz. Doch das Neue, das im biblischen Text das Alte vergessen lässt, schafft Gott: „Seht her, nun mache ich etwas Neues“. Männlichen Allmachtsphantasien mit ihrem unerschütterlichen Glauben an den wissenschaftlich-technischen Fortschritt und seine Innovationskraft steht dieser Satz diametral gegenüber. Und er lädt mit seinem Bekenntnis zu Gott, der Zukunft schenkt, dazu ein, im eigenen Leben offen für Neues zu sein. Pablo Picasso hat einmal beschreiben, wie für ihn diese Offenheit aussieht:

> „Ich suche nicht – ich finde.
>
> Suchen – das ist Ausgehen von alten Beständen
> und ein Finden-Wollen von bereits Bekanntem im
> Neuen.
>
> Finden – das ist das völlig Neue!
> Das Neue auch in der Bewegung.
>
> Alle Wege sind offen, –
> Und was gefunden wird, ist unbekannt.
> Es ist ein Wagnis – ein heiliges Abenteuer!
>
> Die Ungewissheit solcher Wagnisse
> können eigentlich nur jene auf sich nehmen,
> die sich im Ungeborgenen geborgen wissen –
> die in die Ungewissheit, in die Führerlosigkeit geführt
> werden –,

die sich im Dunkeln einem unsichtbaren Stern überlassen,
die sich vom Ziele ziehen lassen und nicht
– menschlich beschränkt und eingeengt – das Ziel
bestimmen.

Dieses Offensein für jede neue Erkenntnis
Im Außen und Innen:
Das ist das Wesenhafte des Menschen,
der in aller Angst des Loslassens
doch die Gnade des Gehaltenseins
im Offenwerden neuer Möglichkeiten erfährt."[15]

Andreas Ruffing (2007)

Ein anderer werden – der gleiche bleiben – mir selbst ähnlicher werden. Erfahrungen eines trans-Mannes

Es kam, wie es kommen musste. Ich bin zufällig einem Kurskollegen aus der Zeit des Theologiestudiums über den Weg gelaufen, dem ich in den seither gut 15 Jahren nicht mehr begegnet war. Ich habe mich gefreut, ihn zu treffen. Auf seiner Seite jedoch herrschte zunächst große Ratlosigkeit. Der Blick auf mein Namensschild half ihm auch nur bedingt weiter. Doch dann kam ihm – oder mir? – der Tratsch zu Hilfe. Er erinnerte sich vermutlich an das, was ihm zu Ohren gekommen war, irgendwann, von irgendwem, der gehört hatte, dass ..., von jemandem, der ... Und so ist bei ihm der Groschen gefallen, und wir redeten und lachten über alte Zeiten. Trotzdem, das Erkennen, Zusammenhänge Herstellen und Begreifen hat seine Zeit gebraucht. In seinen Augen bin ich ein anderer geworden.

Ich schwenke gut 15 Jahre zurück in den Sommer 2003, nur ein halbes Jahr nach Beendigung des Studiums. Ich war beruflich gerade dabei, an meiner ersten Stelle anzukommen. In dieser Zeit wurde mir bewusst, dass ich nicht länger verdrängen konnte und wollte, dass mein Leben so nicht mehr weiter geht, dass ich mir nicht länger etwas vormachen kann. Dass ich immer tiefer in eine Sackgasse laufe, wenn ich weiterhin versuche, als Frau zu leben, nur weil mir bei meiner Geburt – biologisch korrekt – das weibliche Geschlecht zugeschrieben worden war. Mir wurde klar, dass es kein Scheitern ist, mich mit dieser Geschlechtszuschreibung nicht identifizieren, diese Rolle nicht ausfüllen zu können, sondern dass ein Scheitern darin bestünde, einfach so weiterzumachen, obwohl es mir mit jedem Tag unerträglicher wurde, als Frau gesehen und angesprochen zu werden, in diesem mir fremden Körper zu leben. Es tauchte in mir die Ahnung auf, dass es einen Ausweg gäbe, einen Weg, der mich ins Leben führte: nämlich mein Erleben, mein Fühlen, mein Selbstbild, das ich seit frühester Kindheit in mir trage, ernst zu nehmen und als Mann zu leben; unter Zuhilfenahme medizinischer und juristischer Möglichkeiten. Natürlich war das mit Ängsten verbunden. Angst, alles zu verlieren: meinen Job, meine Freund*innen, meine Familie. Und darüber hinaus erinnere ich mich – gerade zu Beginn der Hormontherapie – gut an die Angst, mir selber fremd zu werden; eines Morgens in den Spiegel zu schauen und mich selbst nicht mehr zu erkennen. Doch musste ich den Sprung wagen. Und mit der Zeit zeigte sich, dass diese Ängste in meinem Fall unbegründet waren. Mein Chef stand zu mir, Freund*innen waren erleichtert, weil sie meine Entlastung spürten und merkten, dass ich der Gleiche bin, nur authentischer und freier. Auch für meine Eltern überwog der Wunsch, mich glücklich zu sehen. Und meine eigene anfängliche Sorge, es könnte alles zu schnell gehen und ich mir fremd werden, die Entscheidung könnte sich als falsch erweisen, wich der Ungeduld, weil es nicht schnell genug ging.

Außerdem wurde ich – aus meiner Sicht – tatsächlich kein anderer. Ich blieb der gleiche und wurde zugleich mir selbst immer ähnlicher. Eine Auferstehungserfahrung. Ich habe zurückgelassen, was mich gefangen hielt, was mir fremd an mir selber war, wo ich mich „falsch“ fühlte, starr und tot. Auferstanden bin ich hinein in *mein* Leben, nun lebendig und wahrhaftig, innerlich frei und stimmig, ein Leben, das Weite und Zukunft verhieß. Natürlich war das für mein Umfeld bei allem Positiven eine Herausforderung, musste es doch Bilder von mir zurücklassen, durfte mich nicht festhalten in einer alten Rolle. „Was sucht ihr den Lebenden bei den Toten? Er ist nicht hier, sondern er ist auferstanden“, heißt es bei Lukas.

Wie tröstlich kommen mir die Auferstehungsberichte der Evangelien entgegen. Immer wieder musste der Auferstandene seinen engsten Freund*innen erscheinen, bis sie glauben konnten. Immer wieder wurde er nicht erkannt, weil sie den alten Jesus gesucht haben, doch dem auferstandenen Christus begegnet sind. Es dauerte, bis es wirklich Ostern wurde in den Herzen. Es geht nicht von heute auf morgen. Damals nicht und in den Auferstehungserfahrungen mitten im Leben des Heute auch nicht. Es braucht Zeit und beharrlich kleine Schritte. Und natürlich sind auch an Ostern die Wunden des Karfreitags noch sichtbar und spürbar. Gott sei Dank. Denn Jesus erscheint als der Auferstandene – nicht als der Unversehrte. Er trägt sichtbar die Wundmale am Leib, sie werden sogar zum Zeichen des Erkennens, Zeichen der Identität und Kontinuität des Auferstandenen mit dem Gekreuzigten. Auch für mich gibt es heute noch Momente des Schmerzes:

- Wenn ich Menschen aus meinem „früheren Leben“ treffe, die nichts von meiner Entwicklung wissen und die mir wie einem Fremden begegnen. Und wenn dies so bleibt, weil es der Situation nicht angemessen wäre, mich zu erkennen zu geben und mich damit in den Vordergrund zu schieben.
- Die Differenz, die ich anderen Männern gegenüber auch heute oft noch empfinde, weil ich die innere Selbstverständlichkeit einer unhinterfragten Geschlechtsidentität nicht kenne und bei aller inneren Stimmigkeit meines heutigen Lebens als „Mann“ nach wie vor gar nicht wirklich weiß, was „Mann-Sein“ denn eigentlich meint, und scheinbare Eindeutigkeiten gar nicht so eindeutig und abgrenzbar sind.
- Und sichtbar sind da die Narben, die die geschlechtsangleichenden Operationen an meinem Körper hinterlassen haben. Doch ich mag diese Narben. Denn sie stehen für mich nicht in erster Linie für die langen Wochen in Krankenhäusern und die leidvollen Zeiten davor, sondern sie helfen mir tagtäglich, nicht zu vergessen und nicht zu verleugnen, wer ich bin und welchen Weg

ich gegangen bin. Manchmal ist es eben nicht möglich, unversehrt zu bleiben, wenn man heil werden möchte.

Heute kann ich sagen: Ich bin gerne der, der ich bin, mit allem, was zu mir gehört. Und ich profitiere von meinem Weg, der mich viel gelehrt hat. Auch beruflich. Diese österliche Erfahrung in meinem eigenen Leben ist Motivation und – neben aller Ausbildung – unausgesprochene Grundlage meiner Arbeit in der Geistlichen Begleitung und Exerzitienbegleitung: mit Menschen – durch Krisen, dunkle Zeiten und Tode hindurch – unterwegs zu sein zu Erfahrungen von Auferstehung mitten im Leben. Menschen zu ermutigen, sie selbst zu sein und immer mehr zu werden, sich auf die Suche zu machen nach dem ignatianischen „Magis" im eigenen Leben. Auf der Suche zu bleiben nach einem „Mehr" an innerer Freiheit und Wahrhaftigkeit, Lebendigkeit, Gottvertrauen und Zuversicht. Der Spur zu folgen, wie Liebe zu sich selbst, zu den Mitmenschen, zu Gott gelebt und fruchtbar werden kann. Und darin Nachfolge konkret werden zu lassen. Wunden und Tode nicht zu leugnen, sondern sie von Gott verwandeln zu lassen, um unter Seinem Segen ins Leben zu gehen. Auferstanden. Ein anderer geworden – der gleiche geblieben – sich selbst ähnlicher geworden.

Jonas Weinzierl (2019)

Corona. In mir zu Hause

Allein mit mir. Corona erzwang es. Immer wieder. Vieles brach ab, gar auseinander: Gruppen trafen sich nicht mehr, Kontakte waren nicht möglich; Kino, Theater, Essengehen, selbst der geplante Jahresurlaub … alles futsch. Aber am meisten schmerzt die erzwungene Kontaktsperre zu meinem kleinen Enkel, der im Februar geboren wurde. Die ausgefallenen Seminare und die fehlenden Honorare – verkraftbar, kommen sicher wieder. Aber die Entwicklung eines kleinen Kindes nicht mitbekommen: Das tut weh, das ist schlecht ersetzbar. Und so legt sich manchmal eine Schwere und Leere über mich und mein Leben. Es fehlen Berührungen, wirkliche Kontakte, warmherzige und spürbare Nähe.

Aber doch. Es gab auch viele Momente von Lebensfreude und Lebendigkeit. Gerade, weil sie so selten waren. Weil da wirklich Energie war, die mich berührte – und mein Herz weit machte.

Das Lächeln und die Lebendigkeit meines kleinen Enkels: Ich bin als Opa sofort auf dem Boden, auf Augenhöhe mit dem Kleinen. 10 Monate Lebendigkeit dringen in mein Inneres. Einfach schön.

Die wenigen Gespräche mit Freunden: Viele sind intensiver, ehrlicher, offen, zugewandt, am anderen interessiert.

Zeit für meinen Körper: Morgens Rückengymnastik und Atemübung, wirklich regelmäßig (das ändert!). Sonne im Gesicht spüren. Regen auf der Haut. Mit dem Fahrrad im Wald.

Ich bin achtsamer für das Alltägliche geworden. Habe im Frühjahr erstmals die blühenden Pflanzen in meinem Garten gezählt. Eine unglaubliche Zahl, hätte ich nicht gedacht.

„Stille Momente" mit mir: Einfach schöne Musik hören, sonst nichts. Keine Ablenkung, nur Klassik, Jazz, Gitarre … Ich konnte die Poesie spüren, die in der Musik liegt. Toll, das war echt ein Genuss.

Fazit: Es sind die stillen, intensiven, achtsamen Momente. Begegnungen, Natur, Musik, Lachen, Genießen. Das weitet mein Herz.

Mein Tipp: Einfach hinsetzen, atmen, Stille aushalten. Oder Gehen, im Wald, übers Feld … und einfach „nur" wahrnehmen, was ist.

Ach ja, die Musik, die ich bewusst hörte und auf mich wirken lassen konnte: Al Di Meola, *All your life. A tribute to the Beatles* (2013). Aber bitte: Alleine. Hören. Sonst nichts.

Hans Prömper (2021)

Kapitel 6:

Trotz allem: Glauben

„Etwas wagen“

Mobilität und Flexibilität wird heute von uns verlangt, wenn wir im Berufsleben bestehen wollen. Viele empfinden diese Anforderung nach anfänglicher Begeisterung über die Möglichkeit, die „Welt“ kennenzulernen, zunehmend als belastend. Mir geht es selbst so auf Reisen: Zweimal die Woche in einem anderen Hotelbett aufzuwachen, verliert mit der Zeit seinen Reiz. Für die Nomaden der Zeit Abrahams war das aber – in einer langsamen, humanen Form – der Normalfall. Man zog mit seiner ganzen Sippe von Weideplatz zu Weideplatz, die Familie und die gewohnte Umgebung sozusagen im Gepäck. Die Weisung zum Weiterziehen erhielt das Sippenoberhaupt vom Stammesgott selbst. Dass Abraham geht, wie Gott ihm geboten hat, ist das Normale und Natürliche; Wagnis und Risiko wäre es für Abraham, wenn er nicht ginge. Abraham war in diesem Sinne mobil. Dass er auch flexibel war, ist das Spannende an seiner Geschichte. Es ist eine grundsätzliche Flexibilität, die den eigenen Lebensentwurf betrifft, und keine Flexibilität, wie sie beispielsweise die Change-Management-Experten in unseren Unternehmen einfordern.

Die biblische Geschichte nennt Abraham den Vater des Glaubens. Nicht, weil er irgendein überkommenes Glaubensbekenntnis vor sich hergetragen hätte, sondern weil für ihn *glauben* ganz ursprünglich *vertrauen* bedeutete. Er vermochte Gott, dem Prinzip des Lebendigen, zu vertrauen und deshalb seine Herden in ganz unvertraute Gegenden zu führen. Dieses vertrauensvolle sich Aufmachen und neu Beginnen berührt auch mich persönlich. Mit 21 Jahren bin ich ins Kloster eingetreten, auch mit der Abenteuerlust der Jugend. „Was wird das Leben bringen?“, habe ich mich gefragt.

Nach dreißig Klosterjahren fühlte ich wieder, dass es Zeit sei, aufzubrechen und etwas Neues zu wagen. In den äußeren Umständen auch die Stimme Gottes zu erkennen, war gerade in dieser Situation nicht einfach. Heute glaube ich, dass dies meine Aufgabe ist: die Idee einer Führungskultur im Unternehmen aufgrund des christlichen Menschenbildes zu propagieren. Auf diese Weise versuche ich, für andere ein Segen zu sein. Klingt vermessen, ist aber ein gutes

Programm: den Bruch im eigenen Leben zum Segen für sich selbst und andere werden lassen! Segnen heißt auf lateinisch *benedicere*, wörtlich übersetzt *gut sprechen:* Gutes zu sagen, Glück zu wünschen und Glück zu bringen. In der Antike war Glück weniger der Zufall, sondern meinte ein glückliches Leben – und das bedeutete, ein ausgeglichenes, in sich ruhendes Leben zu führen. Der Jesus des Johannesevangeliums nennt das, was er seinen Jüngern wünscht, ein Leben in Fülle. Oder anders ausgedrückt: Segen sollst du sein!

Anselm Bilgri (2011)

Durchkreuzte Lebenswege

Ein Mönch nannte mir vor Jahren seine Regel geistlichen Lebens: „Du musst abgeräumt werden." Er erläuterte es: „Erst wenn Gott *tabula rasa* in deinem Leben gemacht hat, beginnst du ein geistliches, von falschen Plänen freies Leben."

Mein Leben wurde das eines Geistlichen, aber auch ein geistliches?

Bis ich mich in meinem 37. Lebensjahr entschied, künftig mit Frau und Familie leben zu wollen. Zehn Jahre hatte ich als Priester zölibatär gelebt, mich lange vorbereitet, um die Entscheidung gerungen, um am Ende doch zu scheitern. Die vielversprechende Karriere war abrupt beendet, weil der kirchliche Arbeitgeber nur die Entlassung vorsieht.

Arbeitslos, halb versteckt, ungewiss um das Vertrauen von Freunden und Gefährten ringend, brauchte ich Zeit, bis ich die Konsequenzen der eigenen Entscheidung verstehen und – länger noch – sie annehmen konnte.

Der Karfreitag eines hoffnungsvollen Kirchenmannes. Unverhüllt und nackt am Ende. Damals begann ich die Worte des Mönches zu verstehen: „Du musst abgeräumt werden."

Daran erinnere ich mich immer, wenn wir am Abend vor dem Karfreitag, nach dem Abendmahlsamt, den Altar abräumen. Er wird entblößt, damit da nur noch der nackte Tisch steht. In der Entblößung des Altares wird die Zerstörung des Heiligsten, wird der Tod

Christi dargestellt. Das Zeichen der Entblößung wurde von der alten Kirche genutzt: Taufbewerber legten vor Empfang der Taufe alle Kleider ab, stiegen nackt ins Taufbecken hinab, nackt wie Christus am Kreuz. Und wenn sie getauft heraufstiegen, wurden sie in festliches Leinen gekleidet. Aber auch die Büßer legten ihre Kleider ab, hüllten sich bis zur Wiederversöhnung mit der Gemeinde in ein härenes Gewand.

Offensichtlich sind Taufkleid und Büßerhemd die frühesten liturgischen Gewänder, von Messgewändern ganz zu schweigen. Ich weinte, als ich in der Sakristei nach meiner letzten Heiligen Messe als Priester das Messgewand ablegte, das ich nie wieder tragen würde. Die Tränen hatten etwas von einer Taufe.

Am Karfreitag höre ich in der Johannespassion drei Passagen und mache mir meine Gedanken zum eigenen Lebensweg:

> Der purpurrote Mantel: Wieviel falsche Ehre und Freunde brachten mir die Gewänder der nun durchkreuzten Lebensplanung?
> Das unzerteilte Untergewand, um das die Soldaten würfeln: Es gibt etwas, das mir niemand nehmen und zerstören kann. Das musste ich suchen und finden.
> Die Leinenbinden: Wie das berühmte letzte Hemd ohne Taschen. Du nimmst nichts mit. Dem Abgeräumten bleibt die nackte Hoffnung.

Wie im Satz von Hilde Domin: „Ich setzte den Fuß in die Luft und sie trug.“[16]

Ulrich Kuther (2019)

Berufung: Freimut zur Menschlichkeit

Wie kann man sich auf einen Dienst in einer Kirche einlassen, die derart an Vertrauen verloren hat und deren Glaubwürdigkeit mehr als in Frage steht? Warum werden nur die Berufungen von Männern wahrgenommen, während die Frauen zum Dienen eingeladen sind? Der Zwang eines enthaltsamen Lebens trägt auch nicht gerade dazu bei, dass Menschen sich auf das Wagnis eines priesterlichen Berufes einlassen.

Ich scheue vor diesem Wort „Berufung“ zurück. Berufen sein? Bin ich berufen? Wenn es Berufene gibt, dann auch Nicht-Berufene. Wie Berufene und Nicht-Berufene in unserer Kirche zueinander stehen, das zeigt der hierarchische Kegel, der die Berufenen nach Farben geordnet aufbaut. Dabei kommen die allgemein durch die Taufe Berufenen am schlechtesten weg. Ich bin als Priester Teil dieses Systems. Ich will es nicht sein, aber ich bin es wider Willen. Und ich mag in meinen Arbeitsbereichen noch so bemüht sein um einen demokratischen Diskurs; im Letzten bleibe ich Teil dieses Systems. Und dieses System ist krank. Es ist alt und krank – und es macht krank.

In dieser Kirche haben Berufene ihnen Anvertraute geschändet, und andere Berufene haben sie gedeckt. In dieser Kirche machen Kleider immer noch Leute, und diese klerikalen Kleider grenzen ab, grenzen aus, grenzen ein. In dieser Kirche, in der die verschiedenen Synoden sich fast schon einander die Hände reichen, wird Mitsprache zwar hochgeschätzt, die Entscheidungsbefugnisse aber liegen in den Händen weniger. Berufung ist strukturell verbunden mit Entscheidungskompetenz; und noch mehr: Berufung assoziiert ein Nähe- und Distanzverhältnis im vermeintlichen Wissen um das, was Gott will, da doch einige mehr Kompetenz zu haben scheinen, um den Willen Gottes zu wissen, als andere. Deshalb scheue ich mich, das Wort „Berufung“ im Blick auf unsere Kirche zu benutzen.

Aber ist die Berufung zu einem Dienst für glaubende und suchende Menschen überhaupt an diese Kirche gebunden? Ich möchte sagen: Nein! Berufung hat nichts mit dieser verfassten Kirche zu tun. Berufung hat mit Gott und dem Menschen zu tun, unabhängig von Gestalt, Geschlecht, Konfession, ja sogar Religion. Berufung hat zu tun mit einer Hör- und Sehbereitschaft, zu erkennen, was nottut: was dem anderen, der Gemeinschaft, der Schöpfung nottut.

Für mich muss ich sagen: Ich habe nicht Gottes Stimme gehört: „Geh, werde Priester“. Zu mir wurde keiner geschickt, mich zu holen, geschweige denn, dass mir einer zugesprochen hätte, ich sei berufen. Aber ich glaube daran, und ich vertraue darauf, dass Gott mir im Nächsten begegnet und dass er mir im Nächsten zu vermitteln versucht, was jetzt und hier wichtig ist. Das Studium der Philosophie und der Theologie habe ich vor 48 Jahren begonnen, weil ich einen Menschen, einen Freund, „meinen" Heimatkaplan kennenlernen durfte, der genauso seine Berufung gelebt hat: Nahe bei den Menschen; wer nahe bei den Menschen ist, der ist nahe bei Gott. Die erste Begegnung mit ihm 1973 ist mir bis heute ein Gottesgeschenk: Er stellte sich nicht vor als der neue Kaplan; er stellte sich mit seinem Namen vor: Name statt Titel; menschliche Nähe statt klerikaler Distanz.

Diese Nähe, diese Vertrautheit und Offenheit, diese Menschlichkeit hat mich fasziniert. Ohne einander zu kennen die Hand reichen und sich einbringen mit der je eigenen Persönlichkeit. Diese Erfahrung hat mich geprägt. Aber ich konnte sie nur so machen, weil sie mir von ihm geschenkt wurde. Und diese geschenkte Erfahrung, diese menschliche Begegnung schenkt mir Mut, macht mich stark und schwach zugleich und bewahrt mich vor einer Totalidentifikation mit dieser verfassten Kirche, in der ich immer noch lebe und arbeite, aber mit einer inneren Freiheit und mit Freimut.

Christoph Simonsen (2020)

Auch mein Verborgenes zulassen

„Trotzchristen", diesen Ausdruck habe ich neulich von einem Freund gehört. Das bringt's auf den Punkt, dachte ich mir gleich: Als „Trotzchrist" bin ich gescheitert. Ich weiß nicht mehr, wie ich zu einem geworden bin, denn mein Zuhause, die Schule oder das Studium haben mich nicht dazu angestachelt. Aber irgendwann hab' ich mich in diese Rolle hinein radikalisiert. Als Trotzchrist hatte ich die Art von Hochmut, mit dem Jesus im Evangelium heute ins Gericht geht: Alle, die nicht sichtbar und öffentlich fromm und katholisch waren, fand ich lasch. Das priesterliche Kollarhemd war mir da mehr als willkommen. Mit meiner öffentlichen Frömmigkeit konnte ich mich auch auf Jesusworte berufen, etwa: „So soll euer Licht vor den Menschen leuchten" (Mt 5,16). Gottes größere Ehre habe ich im umso größeren Widerstand gesucht. Auch dafür fand ich ein Jesuswort: „Wenn die Welt euch hasst, so bedenkt, dass sie mich schon vor euch gehasst hat" (Joh 15,18).

Öffentlich zutage getragene Askese. Da bleibt nicht viel Kraft für ein entspanntes Lächeln. Und meine vor der Brust getragene Rechtgläubigkeit ließ auch nicht leicht locker. Bauchlandungen gab es damit zu Genüge; aber gegen die hatte ich mich sorgfältig immunisiert wie in dem Witz von dem Geisterfahrer, der auf die Verkehrsmeldung reagiert: „Ein Geisterfahrer? ... Einer? Nein: Tausende!"

Dass ich da wieder herausgefunden habe, verdanke ich Freundinnen und Freunden, die mich nicht aufgegeben haben, auch wenn ich zu ihnen manchmal sehr eklig war. Wenn sie alle meine hochmütigen Urteile gehört hätten, wären sie noch bestürzter gewesen. Heute erinnern sie mich dann manchmal daran: „Das hättest du vor einigen Jahren noch ganz anders gesagt". Das stimmt, und es ist zwar manchmal nicht leicht, es zuzugeben, ist aber auch eine sanfte Schule der Demut.

Was ist denn an die Stelle des Trotzchristen getreten? Vielleicht vor allem eines: oft Ungewissheit. Aber etwas ist mir noch wichtiger. Jesus spricht im Evangelium vom „Vater, der ins Verborgene sieht" (Mt 6,18). Gott meine Verborgenheiten hinzuhalten, das traue ich mich heute mehr und öfter, als ich es früher getan habe. Da dachte ich, Gott will meine Anstrengung und meinen Trotz gegen eine harmlos gewordene Kirche. Inzwischen weiß ich, dass auch Gott Anderes viel wichtiger ist. Wenn ich Gott auch an meine Ungewissheiten, meine Fragen heran- und in das Dunkel in mir und um mich herum hereinlasse, dann kommt Gott viel tiefer bei mir an.

Ansgar Wucherpfennig (2019)

Mich meiner Hoffnung rühmen

Das *Frankfurter Caricatura Museum – Museum für Komische Kunst* liegt bei mir um die Ecke, neben dem Dom. Werke von Robert Gernhardt sind Bestandteil der Sammlung. Von ihm stammt ein Gedicht, das mir beim Thema Hoffnung einfällt:

> „Von der Gewissheit.
> Hier bröselt es, da bröckelt es, schon dräut ein Holterdipolter. Aus all der Scheiße Honig ziehn, das plante er, das wollt er. Das gäb der Sache Sinn und Form, das hoffte er, das dacht er. Jetzt ahnt er: Also denkt das Kalb auf seinem Weg zum Schlachter."[17]
> (Robert Gernhardt)

Da ist nicht viel Hoffnung. Und ein sich seiner Hoffnung Rühmen schon gar nicht. Das ist eines der *K-Gedichte* von Robert Gernhardt. K wie Krieg, wie Krankheit, wie Krebs. Seinen persönlichen Krieg hat Robert Gernhardt nach jahrelangem Hin und Her verloren. Er ist 2006 mit 69 Jahren in Frankfurt gestorben. Der Krebs hat ihn schließlich doch gekriegt, aber er hat ihm nicht die Sprache verschlagen. Im Gegenteil. Ich bin mit Gernhardt aufgewachsen wie manche von Ihnen. Der genialische Witzbold von der Titanic. Die Lümmel von der letzten Bank in der Neuen Frankfurter Schule. Aber wir lernen eben nicht für die Schule. Das Leben hat Gernhardt leben gelehrt und sterben und von beidem sprechen.

Zornig und zärtlich. Seine Poesie ist nicht zugeknöpft. Sie ist zugänglich. Als es mit ihm zu Ende ging, war er ein großer Dichter. In seinem Œuvre ist das Schwere nicht gravitätisch und das Leichte nicht frivol. Menschen, denen sonst Gedichte nichts sagen, lieben seine. Ich glaube, heute können mehr Leute Gernhardt zitieren als Goethe.

Von der Gewissheit beschreibt eine Hoffnung, die nicht trägt. Weil die große Anstrengung, dem Leben Süße abzupressen, am Ende bitter wenig Erfolge zeitigt. Weil Sinn und Form, die wir unseren Dingen geben, auf Dauer nicht haltbar sind, so wie wir selber auch nicht. Das macht dem Tatmenschen, wenn er mal den Kopf hebt und nachdenkt, schwer zu schaffen. Aber keine Mühe der Welt ändert etwas daran, dass das Lebendige von Sterblichkeit belastet ist. Diese Last stemmt schließlich keiner. Man kann sie sich nur abnehmen lassen. Das ist für Kinder Gottes leicht und für den *Homo Deus* unerträglich. K wie Kinder: Stoff für noch ein K-Gedicht.

Johannes zu Eltz (2014)

Am Ende sein. Scheitern

Zumindest eine Narbe von dieser großen Wunde tragen die meisten Männer mit sich herum. Irgendwann holt man sie sich. Manchmal auch öfters. Die einen früher, die anderen später. Es geht nicht um irgend so ein Zipperlein. Es geht um die große Wunde, die die Alten mit dem Kopf nicken lassen, wenn sie sagen: „Jeder hat sein Kreuz zu tragen." Dieses Kreuz ist zunächst schlicht nur heillos. Es ist ein Pfahl im Fleisch, der weh tut. Es kann ganz verschiedener Natur sein, kann den Körper betreffen, den Intellekt, das Herz. Es trägt verschiedene Namen. Man zeigt es nicht jedem. Manche wollen es nicht einmal selbst anschauen. Aber es ist da, und es holt einen ein, wenn man sich ohnehin schwach fühlt und am Ende ist.

Jeder hat sein Kreuz zu tragen. Jesus nimmt ein Kreuz an, das sich aus so vielen Kreuzen speist, die Männer in sich tragen und die sie immer wieder auch anderen Menschen aufbürden. „Es ist ein Kreuz mit dir." Jesus nimmt das Kreuz an. Indem er es annimmt, wendet er dieses so vielschichtige Kreuz in ein Lebenszeichen. Was du annimmst, kann sich wandeln. Unter dem Kreuz Christi nimmt ein namenloser junger Mann eine verwitwete alte Frau, die gerade zusieht, wie ihr Sohn verblutet, in sein Eigen auf, d. h. in seinen Haushalt. Ein tätiges Zeichen der Solidarität: Johannes kümmert sich um Maria, eine rechtlose Witwe, der die völlige Verarmung droht, die wirklich am Ende ist. So wird ausgerechnet unterm

Kreuz, an dem Ort, an dem Jesus völlig am Ende zu sein scheint, eine Wende sichtbar, ein neuer Anfang. Was du annimmst, kann sich wandeln.

In einem Gebetbuch für Manager fand ich ein Gebet von Johannes Paul II., dessen öffentliches Leiden und Sterben Menschen weltweit beunruhigt und berührt hat. Es lautet:

> „Sei gegrüßt, Kreuz Christi!
> Wo immer sich deine Spur findet,
> legt Christus Zeugnis ab
> von seinem Ostergeheimnis:
> dem Übergang vom Tod zum Leben.
> Er legt Zeugnis ab von der Liebe,
> der inneren Kraft eines Lebens aus der Liebe,
> die den Tod überwindet.
>
> Sei gegrüßt, Kreuz Christi,
> wo immer du aufgerichtet bist,
> auf den Schlachtfeldern,
> in den Gefangenenlagern,
> an den Straßenrändern,
> an allen Orten, wo Menschen leiden
> und mit dem Tod ringen.
> An den Orten, wo sie arbeiten,
> studieren und schöpferisch tätig sind …
> An jedem Ort,
> auf der Brust jedes Mannes und jeder Frau,
> jedes Jungen und jedes Mädchens …
> und in jedem Menschenherz.
> Sei gegrüßt, Kreuz Christi!“[18]
> (Johannes Paul II.)

Auch mich bewegt dieses Kreuz, das wandeln kann.

Werner Portugall (2011)

Treue und Aggression

Treue zu einem Menschen – schon das ist ein schwieriges Thema. Treue zu einer Tradition – das klingt für viele mittlerweile ähnlich abstoßend wie Sklaverei oder Kinderarbeit. Im Evangelium macht sich Jesus eine Geißel, treibt Opfertiere aus dem Tempel, wirft Tische um und jagt Kaufleute aus dem heiligen Haus. Aus Treue.

Das Johannes-Evangelium lässt die Tatsachen des Lebens Jesu wie im Zeitraffer zusammenschnurren auf einige wenige zentrale Szenen. Der Rest sind dann ausgedehnte Reden, Erzählungen und Gespräche. Eine der wenigen übriggebliebenen Szenen ist genau diese Tempelaustreibung (Joh 2,13-25). Sie ist auch eine, die in den Kirchen gerne heruntergespielt wird, so nach dem Motto: Es war ja gar nicht der *ganze* Tempel, sondern bloß der Vorhof. Aber das eigentliche Thema ist doch nicht Architektur. Es ist Aggression – aus Treue.

Ich muss gestehen, dass mir dieser Auftritt Jesu in der Seele guttut. Vielleicht bin ich etwas pubertär zurückgeblieben. Vielleicht bin ich auch einfach zu blöd für die Verlagerung solcher Szenen in innerpsychische Räume. Dieser zornige Mann im Tempel tröstet mich, wenn ich das kirchliche Milieu in seiner kumpelhaften Beschränktheit, seiner bräsigen Bequemlichkeit und seiner langweiligen Schattensprache nicht ertrage.

Es tröstet mich auch, dass dieser leidenschaftlich an seiner Glaubenstradition interessierte Mensch einen Punkt erreicht hat, wo es ihm gleichgültig geworden ist, was andere von ihm denken, ob ihm das verziehen wird oder nicht, was das wohl für seine berufliche Zukunft bedeuten könnte, oder was Freunde und Verwandte dazu sagen mögen. Das Reden genügt ihm nun nicht mehr. Ziemlich unausgewogen, was er da macht, impulsiv, wenig diplomatisch. Kann man nicht im Ernst bringen, sowas.

„Macht aus dem Haus meines Vaters kein Kaufhaus!“ Warum sollte mich das „Haus meines Vaters“ überhaupt kümmern? Ich weiß doch ganz genau, dass in diesem Haus überhaupt nicht nur schöne Dinge passiert sind, sondern auch eine Menge Verrat, Unterdrückung und Gleichgültigkeit. Warum sollte es mir also nicht egal sein? Warum sollte ich mir nicht lieber selber was Neues zurechtbasteln? Was Unschuldigeres? Aber Jesus scheint davon überzeugt zu sein, dass das Gute in diesem alten Haus überwiegt. Für ihn ist dieser Überschuss so klar, dass er jede Hemmung verliert, sich laut zu seinem Vater zu bekennen, aggressiv zu werden und sich damit womöglich zum Affen zu machen.

Kleine Denksport-Aufgabe für die nächsten Tage:

- Welche Traditionen habe ich in meinem Leben zu früh weggeworfen?
- Wer würde es in meinem Bekanntenkreis peinlich finden oder sich ärgern, wenn ich mich zu meiner Glaubenstradition bekenne – zum „Haus des Vaters“?
- Und was habe ich eigentlich zu verlieren, wenn ich trotzdem das Maul aufmache?

Peter Modler (2009)

Leiden, Sterben und Lieben. Wo glatte Antworten nicht mehr tragen

Wenn etwas in unserer Welterfahrung keinen Sinn ergibt, suchen wir diesen bei Gott. Aber auch wenn das Schiff des Lebens die Segel des Glaubens aufgezogen hat – gibt es Stürme und Stillstand. Im Sturm des Leidens reffen wir die Segel, angesichts der Flaute scheinen sie nutzlos. Ausgestattet mit den Motoren des Fortschritts brauchen wir keine Segel mehr. Oder doch? Stehen die Motoren still, wenn eine Pandemie die Welt in Atem hält? Aber ist das Kriegs- und Flüchtlingselend in der Ukraine nicht viel schlimmer?

Warum haben so viele Menschen den Impuls zu retten und zu helfen? Solidarisch zu sein? In uns allen steckt ein Kern der Liebe, manchmal ist er zugeschüttet, stählern ummantelt oder verfault. Liebe macht leidempfindlich für das Leid der anderen. Der mittelalterliche Dichter Gottfried von Straßburg schrieb in seinem ganz weltlichen Liebesroman *Tristan* (1210), eine Liebes-Geschichte, die später Ordensschwestern so faszinierte, dass sie sie auf ihre Tischläufer stickten: „Wer nie von Liebe Leid erfuhr, der erfuhr auch Lieb′ von Leiden nie.“ Der tiefe christliche Denker Meister Eckhart fasst zusammen:[19] „Liebe bringt Leid und Leid bringt Liebe“. Oder: „In den Tagen des Leides vergiss nicht die Tage der Güte.“

Das wurde für mich Wirklichkeit, als ich mit meiner leidenden und sterbenden Frau eine Woche im Krankenhaus in der gemeinsamen Erinnerung an die „Tage der Güte“ verbringen durfte. Ich habe dabei oft an den Film „Das Leben ist schön“ gedacht, und wir haben durch die Nacht leise das „Hallelujah“ von Leonhard Cohen gehört.

Welche „göttliche Tröstung“ lässt Meister Eckhart uns spüren? „Ist mein Leid in Gott und leidet Gott mit, wie kann mir leid sein, wenn Leiden sein Leid verliert und mein Leiden in Gott ist und Gott selbst ist?“ Das ist Eckharts Anfrage an sich selbst, und seine Antwort lautet: „Dass Gott gibt, das ist sein Wesen, das ist seine Güte, und seine Güte ist seine Liebe. Alles Leid und alles Gute kommen von der Liebe.“

„Wo Güte und Liebe sind, da ist Gott“, singt die Liturgie. Wo das Leid die Liebe nicht verdrängen kann, sondern wo sie im Leiden aufblüht wie eine Blume, die in der Wüste vom Wasser zum Leben erweckt wird, da sind wir nahe an dem umfassenden Erbarmen, das dem Leiden und dem Tod nicht das letzte Wort gibt. Wir können diesem Spüren, das viele Menschen in den schlimmsten Stunden bewegt, nachspüren. Wo unser Denken vom Nebel des Leidens getrübt ist, hört unser Herz nicht auf, zu empfinden und zu hoffen.

Dietmar Mieth (2022)

Kapitel 7:
Natur

Der Beginn des Bienenjahres

I

Anfang März beginnt für Imker das Bienenjahr. So auch für mich. Der erste Blick unter die Deckel der Bienenbehausung ist stets spannend: Lebt das Volk? Oder ist es aus welchem Grund auch immer gestorben? Der Winter ist eine kritische Zeit für Bienen.

Mittlerweile schon viele Jahre imkere ich zusammen mit meinem Sohn und meiner Frau. Und noch nie hatten wir erleben müssen, dass ein Volk über den Winter gestorben ist. So aber in diesem Jahr. In Opas Garten (wo ein Teil der Bienen steht) scheint die erste wärmende Frühlingssonne, Vögel zwitschern in den Bäumen. Aber wir stellen fest, dass im Volk Nummer vier kaum noch Bienen sind und vor allem keine Königin, das Zentrum jedes Bienenvolkes. Wir müssen das Volk auflösen, die zum Teil verschmutzten oder durch mangelnde Pflege im Winter verschimmelten Waben verbrennen.

Bienen nach einem Volkszusammenbruch.

Als wir um das lodernde Feuer stehen, werde ich traurig. Ein Volk, das wir seit fünf Jahren gepflegt und gehegt haben, ist nun nicht mehr!

Ein Bienenvolk, bestehend aus vielen voneinander abhängigen Bienen, wird oft wegen seines extrem gut austarierten sozialen Zusammenhalts auch in seiner Gesamtheit als „Bien“ bezeichnet. Es zeigt quasi-individuelle Kennzeichen: es riecht jeweils unterschiedlich, hat ein „individuelles“ Summgeräusch im Inneren. Es ist ein wenig so, als verlöre man ein vertrautes Tier, wenn es stirbt. Jeder Landwirt mit Herz kennt sicher dieses Gefühl der Trauer über den Verlust eines seiner Tiere.

II

Einige Tage später.

Der leere Bienenstock steht in der Scheune. Aber draußen, an den anderen Beuten herrscht reges Treiben. Es ist sonnig, 15 Grad warm, ideales Wetter für Bienen. Ich beobachte den Eingangsschlitz einer Beute: reger Flugverkehr! Besonders erfreulich: viele Bienen tragen „Pollenhöschen“, d. h. sie schleppen eiweißreiche, meist gelbe

Pollen, an ihren Hinterbeinen befestigt in den Stock. Ein gutes Zeichen: die Königin hat begonnen, Eier in die Waben zu legen, deren sich entwickelnde Larven nun von den Bienen mit Pollen gefüttert werden. Mein Herz macht einen kleinen Freudenhüpfer, als ich das sehe. Dieser Moment ist wichtig für das gesamte Bienenjahr. Denn jetzt geht es aufwärts. Von den ca. 4.000 Winterbienen bis hin zu 40.000 Sommerbienen, die dann den leckeren Honig bringen, ist es ein weiter Weg. Aber er beginnt mit den ersten „Pollenbienen", jetzt.

III

Schmerz und Freude liegen manchmal nah beieinander. Manchmal tut Freude sogar weh, zum Beispiel wenn ich bei so viel Lebendigkeit an mein totes Bienenvolk denke. (Umgekehrt kenne ich das nicht: dass Schmerz ein Teil Freude enthält.)

Am Ende des Johannesevangeliums sagt Jesus: „Halte mich nicht fest" (Joh 20,17). Für mich schwingt mit: Geh mit dem Rhythmus des Lebens! Schau dich um, wo Leben ist! Lass die Trauer, die Zweifel, den Hass nicht siegen! Freu dich an der Lebendigkeit, die in dir steckt!

IV

Heute gehe ich auf jeden Fall noch mal zu den Bienen: atme die köstliche Stockluft ein, die auch schon ein bisschen nach Honig riecht. Beobachte das rege Treiben am Eingang der Bienenstöcke, lass mich bescheinen von der milden Sonne. Und erinnere mich dankbar an den Honig, den mir das gestorbene Volk über viele Jahre hinweg beschert hat.

Andreas Heek (2017)

Empfangen und weitergeben

Endlose Weite. Raues Klima. Wasserfälle, Geysire und Vulkane. Kein Wunder, dass Island Wunschziel vieler Männer ist. Hier ist das Leben noch archaisch. Hier gilt es, sich gegen die Naturgewalten zu behaupten. Hier halten nur die durch, die zwei Dinge beherrschen: Die Fähigkeit, Einsamkeit zu ertragen. Und die Kunst, zu teilen. Denn in der unwirtlichen Landschaft ist man angewiesen auf die Hilfe Anderer – mögen sie auch Kilometer entfernt leben. Die Isländer können das. Sie sind es gewohnt seit über tausend Jahren. Einmal jährlich kamen damals die Männer aus dem ganzen Land am Thing-Platz zusammen, auf einer weiten Ebene im Südwesten der Insel. Der „Althing" war eines der ältesten Parlamente der Erde. Auch heute ist ein Blick über die Ebene atemberaubend. Der Blick schweift über Seen und Lavafelder hin zu schneebedeckten Bergen. Mitten in der Ebene setzt sich eine kleine weiße Kirche vom Grün ab. Darin ein beeindruckendes Gemälde: Jesus am Tisch mit seinen Jüngern – das letzte Abendmahl. Einige von ihnen sehen mit ihren Haaren und Bärten wie Isländer aus. Kein Brot liegt auf dem Tisch, sondern ein Fisch. Jesus reicht einen Kelch. Offensichtlich führen die Männer angeregte Gespräche.

Ich stelle mir vor, dass ich mit am Tisch sitze, die Gemeinschaft genieße und angetan bin von diesem Mann in der Mitte. Dieser Mann, der offensichtlich eine besondere Ausstrahlung hat. Ob sie mich in den Bann ziehen würde? Ob ich mich vertrauensvoll neben ihn setzen und zur Ruhe kommen würde? Ob ich den Kelch von ihm genommen hätte? Und wenn ja: Was hätte es in mir ausgelöst? Wäre ich beseelt worden? Hätte ich ihn weitergereicht oder ergriffen zurück in die Hand Jesu gegeben und wäre selig dahingedämmert?

Ja, ich weiß: Geben und Nehmen solle in einer Balance sein, sagen viele. Gerade wir Männer haben es da schwer, ist meine Erfahrung. Viele geben lieber als zu nehmen. Fatalerweise können wir uns dabei auf ein vermeintliches Wort Jesu berufen: „Geben ist seliger als Nehmen" (Apg 20,35). Aber warum sollte das so sein? Ich meine, wir Männer müssten wieder das Nehmen lernen. Die Erfahrung neu ins Bewusstsein rufen, dass wir beschenkt sind. Und dass nur der, der sich beschenkt weiß, auch etwas weitergeben kann.

Auch diese Weisheit findet sich ja in der Bibel. Eben in der Erzählung, die als Bild in der isländischen Kirche hängt. Der Apostel Paulus erzählte sie einst. Ein Mann, der offensichtlich beides konnte: Geben und Nehmen. Seine Schilderung des letzten Mahles Jesu mit seinen Jüngern leitet er mit einem denkwürdigen Satz ein: „Ich habe von dem Herrn empfangen, was ich euch weitergegeben habe.“ Das imponiert mir. Da gibt ein Mann etwas, das er nicht selbst produziert oder geleistet hat, sondern was ihm selbst gegeben wurde. Darauf möchte ich mich konzentrieren: Achtsam zu sein auf das, was mir geschenkt wurde. Von anderen Menschen. Und von Gott. Und dann: mit vollen Händen und voller Leidenschaft weitergegeben. Vielleicht hat die Einsamkeit der Natur es den Isländern leicht gemacht, achtsam auf diesen Zusammenhang zu werden.

Uwe Birnstein (2014)

(Corona) Lebensreise: den Schatz der Verbindung zu mir selbst entdecken

Sicher kennt ihr *Oh, wie schön ist Panama* von Janosch. Die Story vom kleinen Bären und seinem Freund, dem Tiger. Sie suchen das vermeintliche Glück in der Ferne und gehen auf eine lange horizonterweiternde Reise. Aber sie laufen im Kreis und kommen zum Ausgangspunkt zurück – um dort ihr gesuchtes Glück zu finden.

Ich spüre seit meiner Kindheit, dass mir Natur guttut, und habe mir regelmäßig Auszeiten in der Natur genommen. Gleichzeitig habe ich auch im Alltag sehr intensiv Action und Trubel gesucht. Habe in Frankfurt-City gelebt, als Makler an der Börse und in den hektischen Großraumbüros der Hochhäuser gearbeitet, war viel auf Tour und in Flugzeugen. Immer auf Achse. War so sehr der Meinung, dass ich in diesem Taumel leben muss, weil dort das pulsierende Leben und die interessanten Menschen seien.

Die Coronazeit hat mich zurück geworfen ins Homeoffice und in meinen Garten. Es gab nur den Wald nebenan und die Schafe auf meiner Weide. Ich habe das als Einsamkeit und Leere wahrgenommen. Ich habe trotzdem immer mehr Zeit in der mich unmittelbar umgebenden Natur verbracht. Zuerst aus Langeweile und mangels Alternativen. Habe mich ganz alleine hingesetzt und frische Luft geatmet. Plötzlich habe ich mir bisher unbekannte Vogelarten wahrgenommen, das Sozialverhalten der kleinen Schafherde entdeckt, sehe täglich neue wundervolle Kleinigkeiten, und oft kann ich die Schönheit gar nicht fassen. Ich habe Weite gespürt und die Verbundenheit mit dem Universum. Die Erde, die mich trägt. Die Luft, die mir Leben ermöglicht. Das Feuer, das mich wärmt. Das Wasser, das mir Lebendigkeit schenkt.

Und irgendwann merkte ich, dass ich zu meiner eigenen Ruhe, zu meiner Erfüllung und meiner Sehnsucht zurückgefunden habe!

Der Schatz liegt nicht darin, im Zentrum des Geschehens dabei zu sein und so viele interessante Orte und Events wie möglich zu sammeln. Er liegt darin, dass ich mich mit mir selbst verbinden kann. Dass ich von meiner rastlosen Suche zu tiefer, lebendiger Ruhe finde. Dass mir die Natur ihren Reichtum schenken kann.

So habe auch ich eine lange Reise gemacht und laufe heute nicht mehr dem interessanten Leben nach, sondern finde die interessante Lebendigkeit in der Natur überall um mich herum. Weil sie einfach da ist.

Wilfried Weiss (2021)

Visionssuche: Klarheit gewinnen

„Wischblätter v. u. h. rubbeln und schmieren" – das stand auf dem Übergabeprotokoll nach der Autoinspektion. Sofort tauchten Bilder von verschmierten Scheiben und gefährlichem Mangel an nötigem Durchblick vor mir auf. Das kann man nicht so lassen! Also: Problem erkannt und handeln! Da müssen neue Wischblätter rauf! „Alles klar damit?" In diesem Falle ja. Für technisch behebbare Probleme und Schwierigkeiten haben viele von uns Männern – Gott sei Dank! – eine gute Begabung: Wir können gute Klärer und manchmal noch bessere Er-klärer sein. Spannend wird es, wenn etwas nach Klarheit und Veränderung verlangt, das nicht so schnell zu machen ist: zum Beispiel die schulischen Widerstände des pubertierenden Sohnes, ein Mangel an Freude in der Partnerschaft, die Suche nach einer sinnstiftenden Aufgabe. Nahe liegt die Versuchung, hier schnell wieder auszuweichen, mit Arbeit, Sport oder Alkohol zu betäuben.

Oder uns fehlen Zutrauen, Erfahrung und gute Begleiter, um uns mit Haut und Haaren auf solche Veränderungen und Prozesse einzulassen. Denn dazu muss man an- und aushalten, hinausgehen, den üblichen Lebensort verlassen, innerlich und äußerlich.

Drei Männer aus dem Kreis um Jesus lassen sich auf so eine Geschichte ein (im Markus-Evangelium im 9. Kapitel nachzulesen). Sie werden dazu von ihm auf einen Berg mitgenommen, weg vom Alltag und raus aus der Komfortzone – allein. Hier oben sehen sie ihn und das Leben von einer anderen Warte und in neuem Licht. Dort, in der Wildnis und Abgeschiedenheit des Berges, erleben sie neu die Verbundenheit mit der Schöpfung und mit dem himmlischen Vater Jesu. Der wird ihr Bergführer und Mentor. Sie sehen klar und gleichzeitig wie im Traum die Verbindung zu den Männern ihrer Glaubenstradition: Mose und Elija. Hier erkennen sie ihren eigenen Platz; deshalb auch der Wunsch, Hütten zu bauen. Doch dann geht es wieder bergab. Die gewonnene Klarheit ist ein Anfang, der Vision folgt eine Aufgabe, da unten …

Diese Suche nach Klarheit, die „Visionssuche", begleiten wir bis heute, zum Beispiel mit Männern in Süd-Schweden oder im Steigerwald: drei Tage und drei Nächte allein, fastend, an einem Platz in der Wildnis, im Dialog mit allem, was dort geschieht, in der Verbundenheit mit dem Geheimnis der Schöpfung und den Geschöpfen.

Als kleiner Vor-Geschmack: Gehe am Morgen oder Abend dorthin, wo etwas von der Natur zu spüren ist – schweigend, aufmerksam. Achte auf Geräusche, Gerüche, auf Wind und Regen, auf deine Gefühle und Wahrnehmungen.

„Glaube einem Erfahrenen: Du wirst einiges mehr in den Wäldern finden als in den Büchern. Holz und Steine werden dich lehren, was du bei den Lehrern nicht hören kannst."[20] (Bernhard von Clairvaux, †1153)

Ludger Nikorowitsch (2009)

Verbunden mit allem Lebendigen

Katastrophen-Erfahrene sind wir: Überschwemmungen, Tsunamis, Erdbeben, Lawinen, Bergstürze, und so weiter. Davon erfahren wir fast monatlich, wenn nicht täglich. Fast schon vergessen: „Die große Flut“ in Hamburg 1962, Tschernobyl 1986, Fukushima 2011. Katastrophen, das kennen wir.

Was soll da diese alte Geschichte von der Sintflut, der Arche Noah, dem Neuen Bund und dem Regenbogen als Zeichen?! Das ist vielleicht was für Kinder, aber doch nichts für richtige Erwachsene. Aufgeklärt wissen wir, dass das Buch Genesis der alten Bibel hier einen Mythos einer großen Flut aufgreift, der sich auch in vielen anderen alten Kulturen und ihren Erzählungen findet. Die Sache mit dem Regenbogen: Kinderglaube! Erwachsene wissen, wie man das erklärt mit dem Regenbogen. Farbspektrum, das ist Grundwissen für Schüler.

Ich habe die Geschichte jetzt noch mal neu gelesen. Und dabei ist mir etwas aufgefallen, was ich bislang überlesen hatte. Der Segen, die Zusage eines „Bundes“ zwischen Gott und der Erde, dessen Zeichen der Regenbogen sein soll, gilt dem Menschen und allem Lebendigen zusammen: „Das Zeichen … des Bundes … zwischen mir und euch und allen lebenden Wesen …“, steht da in der Genesis (Gen 9, 8-16).

Verbunden mit allem Lebendigen, das kann ich auch als Aufforderung lesen: Mich mit allem Lebendigen verbinden!

Wann tue ich das? Wann erlebe ich das? Mystiker beschreiben immer wieder die Verbundenheit mit der Natur oder einem größeren Ganzen, mit einem DU, die sie erleben. Sie beschreiben eine Erfahrung tiefer Verbundenheit mit der Natur. Franz von Assisi „predigt den Tieren“. Teilhard de Chardin erfährt die Vereinigung mit dem „Feuer der Materie“ in sich. Meister Eckhart sucht „das Leuchten Gottes in allen Dingen“.

Und ich? Manchmal gönne ich mir die Berge. Hier kann ich spüren, dass ich mehr bin als Funktion und Rollen, als Arbeit und Mühe. Gottes freier Sohn, verbunden mit allem Lebendigen.

Mein Tipp, das müssen nicht die Berge sein:

> Einmal rausgehen in die Natur und mich einfach treiben lassen – mit offenen Augen, Ohren, Nase – mit allen Sinnen. Mich wirklich treiben lassen, nicht planvoll gehen.
> Mir Zeit nehmen, ein Tier anzuschauen. Vielleicht Bruder Pferd, Schwester Esel, Schwester Kuh, Bruder Eber. Ihm einfach zuschauen. 5 Minuten. Still schauen.
> Vielleicht sein Leben spüren. Und ich neben ihm.
> Danach vielleicht noch einen alten Baum anschauen, und sogar umarmen.
> Und Gott danken, dass mir das alles geschenkt ist. Ich bin Leben, inmitten von Leben.

Hans Prömper (2012)

Heiliger Ort Scheune

Mitte Februar. Die Haselnuss hat längst geblüht (mildes Rheinland ohne Winter), die Salweide setzt zur Blüte an. Höchste Zeit, nach den Bienen zu schauen, die jetzt langsam aus ihrer Winterruhe erwachen und von den Pollen dieser Sträucher und denen der Schneeglöckchen und Krokusse ihren ersten Nachwuchs füttern.

Ich bin ein Hobby-Imker.

Samstagmorgen. Ich gehe in die Scheune, in der ich den Großteil meines Materials für die Imkerei lagere. Im Herbst habe ich hier alles geordnet und sortiert. So steht jetzt alles in Reih und Glied und wartet darauf, dass dies im Laufe des Bienenjahres langsam, aber sicher in ein den nötigen Arbeiten geschuldetes Chaos versinkt. Ich schaue mich um. Es ist eine nach heutigen Maßstäben kleine Scheune, vielleicht zweihundert Quadratmeter groß und einhundert Jahre alt. Nachdem sie sehr lange nicht mehr als solche gedient hat, wird sie seit sechs Jahren wieder „landwirtschaftlich“ genutzt. Wenn auch nur in einem sehr kleinen Rahmen: als „Zentrale“ unserer kleinen Familienimkerei.

Diese Scheune ist für mich ein „heiliger Ort".

Von hier aus gehe ich einer Tätigkeit nach, die mich ganz von mir wegführt, weil ich mich mit voller Konzentration den Bienenvölkern zuwenden muss, jedes anders, jedes speziell, immer neue Herausforderungen in sich bergend. Die mich aber auch ganz zu mir selbst führt, und ins Innerste des Schöpfungswunders. Ich tauche ein in die komplexen Zusammenhänge der Natur: das Zusammenspiel der Jahreszeiten und des Wetters, auf die die Bienen stets hervorragend eingestellt sind.

Teilzuhaben an diesem Wunder, hat stets seinen Ausgangsort in der alten Scheune.

So sehr ich auch in Gottes Schöpfung eingreife mit meiner Bienenhaltung, so sehr lehrt mich aber diese Tätigkeit auch eines: demütig zu werden vor diesem wundersamen Naturschauspiel eines Bienenvolkes.

Und etwas Bescheidenheit. Damit diese kleinen, hochintelligenten Insekten eine Überlebenschance haben auf dieser Erde. Während die Bienen von den ersten Erkundungsflügen heimkehren – dicke „Pollenhöschen" an den Hinterbeinen –, denke ich in der Scheune meinen Stockmeißel suchend darüber nach, ob der nächste Urlaub vielleicht doch noch mal zu Hause stattfinden kann, ohne lange Autofahrten. Oder wie ich es schaffen kann, beim Einkaufen mehr Verpackungen und Plastiktüten zu vermeiden. Oder wie wir im Imkerverein die anderen Landwirte dazu bringen können, Blühstreifen anzulegen und zu pflegen.

Ich schließe die Scheune zu und gehe nach Hause. Meine Hände riechen nach Propolis und Honig. Ich weiß, dass nichts auf dieser Welt perfekt ist. Dieser Geruch allerdings schon.

Andreas Heek (2018)

Aus den Gräbern steigen

Unter allem Offensichtlichen, das unseren Alltag zu bestimmen scheint, wabert das eigentliche Leben. Das ursprüngliche Leben. Mit dem es in Berührung zu kommen gilt. Das es immer wieder in unser Bewusstsein zu heben gilt. Das ursprüngliche Leben ist einfach da, fließt, atmet. Ich muss es nicht anstoßen. Es nimmt mich mit sich. Ohne Anstrengung und Pflichtübung. Es unterspült meine Zärtlichkeit und Sexualität, lässt geschehen, was geschehen soll.

Der Rhythmus meines ursprünglichen Lebens ist oft anders als der Rhythmus des Alltags und der Arbeit. Ich tue gut daran, immer wieder in seinen Rhythmus einzuschwingen, mich in meinem Alltag und in meiner Arbeit von ihm bestimmen zu lassen. Wenn mir das gelingt, ist das der Moment, an dem ich mich einklinke in den Tanz des Lebens. An dem ich der ursprünglichen Melodie meines Lebens folge. Der Melodie der Schöpfung und meines Schöpfers. Ohne Hast, Druck oder Stress passe ich mich dem Rhythmus an, der von dieser Melodie ausgeht. Dabei lasse ich alle in mir vorhandene Kraft verströmen für meine Mitmenschen, die Umwelt, Gott. Das ist der Moment, an dem ich die Fülle meines ursprünglichen Lebens selbst erfahre und auskoste und freigebig andere daran teilhaben lasse.

Wenn alles in meinem Leben anscheinend gegen den Strich läuft, mir Ungemach begegnet, ich krank bin, leiden muss, Verzicht erfahre, ja gerade dann, bade ich mich im Fluss des ursprünglichen Lebens, überlasse ich mich seinem Fluss. Ich reihe mich ein in den Reigen von Leben, Tod und Auferstehung. Ich überlasse mich Gott, tanze mit ihm den kosmischen Tanz, der mich dazu anspornt, zu leben. Jetzt. Heute. Bis zum Schluss ganz zu leben. Aus meinem Grab zu steigen, aufzuerstehen, um nicht lebendig schon tot zu sein. Im Trott des Alltags zu erstarren. Ich lebe von meinem ursprünglichen Leben her, folge seinem Rhythmus, lasse mich und meinen Alltag von seiner sprudelnden Lebendigkeit bereichern und beglücken. Zumindest versuche ich es immer wieder.

Mein *Impuls für den Tag:*
Wann habe ich das letzte Mal etwas Verrücktes gemacht? Fällt mir etwas Verrücktes ein, das ich in den nächsten Tagen machen könnte?

Wunibald Müller (2011)

Kapitel 8:

Beziehungen

Herzensliebe

Wie geht es dir, wenn ich dich Bruder nenne? Weil wir uns kennen. Oder obwohl wir uns persönlich gar nicht kennen? Ich kenne viele Männer, die ich nicht als meine Brüder erlebe. Sie sind mir fremd. Ihre Interessen, ihre Lebensart passen so gar nicht zu mir. Hast du Brüder? Wie ist deine Beziehung zu ihnen? Mit welchem Wort würdest du sie fassen?

Ich habe zwei Brüder. Viele Jahre sind wir ganz getrennte Wege gegangen. Ich habe wenig von mir hören lassen und wenig gehört. Aber ich wusste um meine Brüder. Sie liegen mir am Herzen. Heute sehen wir uns gelegentlich. Auch zu intensivem persönlichem Austausch. Das tut uns gut. Wir lassen einander Raum. Herzensliebe schwingt mit.

Mein Herz schlägt jetzt höher, wenn ich diese Zeilen an dich richte. Du bist mir fern und gleichzeitig nah. Du wartest auf zugewandte Gedanken und ein Wort, das dich anrührt. Denn du bist ein Mann auf der Suche. Ein Mann auf Empfang. Solche Männer empfinde ich als Brüder. Sie sind mir verwandt. Da gibt es eine Verbindung von Herz zu Herz. Eine Resonanz vor jedem Wort. Welche Männer nennst du Bruder? Was empfindest du im Herzen, wenn du an Männer denkst, die dir Brüder sind?

Mein wichtigster Bruder ist der Mann Jesus von Nazareth. So wie er in Galiläa gelebt hat und wie er in Jerusalem aufgetreten ist, ist er mir Bruder: offen, unerschrocken, klar, kompromisslos eintretend für das Leben. Aus voller Herzensliebe.

Wo Brüder sind, muss es auch einen Vater geben. Der Apfel fällt nicht weit vom Stamm. Fällt dir da ein Vater ein? Fallen dir vielleicht mehrere Männer ein, die du wie einen Vater erlebt hast? Männer, bei denen eine Gruppe von Jungen sich bald als Brüder gefühlt hat? Männer, die Herzensliebe ausgestrahlt haben? Oft ist das Herz unserer Väter hinter einer Schale rauer Männlichkeit verborgen gewesen. Vater und Sohn schaffen ein halbes Leben lang Seite an Seite auf denselben Feldern, in denselben Ställen, in derselben Werkstatt. Sie sind im Tun verbunden. Das sieht man. Wie aber sehen da Zeichen der herzlichen Zuwendung aus?

Ich habe solche Zeichen sehr vermisst. Und wo ich mich selber nicht ganz geliebt und gesättigt fühle, keimt leicht Neid auf den Bruder. Ich übe mich in der Fastenzeit als Wendezeit. Als Zeit für Zu-wendung. Als Vater wende ich mich neu meinen Söhnen zu. Als Sohn meinem Vater. Als Bruder meinen Brüdern. Der Prophet Elija und Johannes der Täufer mögen mir dabei helfen. Leg deine Hand auf dein Herz, Bruder. Fühl, wie es schlägt. Fühle seine Wärme. Empfinde seine Liebe. Gib ihr eine Farbe. Lass sie strahlen. Ausstrahlen, wohin sie möchte. Ich grüße dich von Herzen, Bruder.

Wilfried Vogelmann (2019)

„Heute einmal jenseits der Standardeinstellung" Gedanken über Alltag und Freiheit

Es gibt Texte, die einen am Wickel packen. Mir geht es so mit der Rede, die der amerikanische Schriftsteller David Foster Wallace (1962-2008) im Jahre 2005 vor Universitätsabsolvent*innen gehalten hat. Sie trägt den Titel *Das hier ist Wasser* (2012)[21]. Es geht Wallace darum, dass wir immer wieder über unsere Standardeinstellungen, wie er sie nennt, nachdenken sollen. Wie wollen wir die Dinge sehen? Ein Beispiel: Die „fette, bräsige, aufgebrezelte Frau, die in der Supermarktschlange gerade ihr Kind angeschnauzt hat" – vielleicht „hat sie gerade drei Nächte lang nicht geschlafen, weil sie ihrem an Knochenkrebs sterbenden Mann die Hand gehalten hat" – auch wenn es unwahrscheinlich ist, unmöglich ist es deswegen nicht. Es gibt mehr als einen Rahmen, in den ich Begegnungen einordnen kann.

Denken wir also über Alternativen nach, seien wir nicht immer so sicher, was wirklich ist, wie es der oder dem anderen gerade geht. Wir kennen alle solche Situationen: der Kollege, der immer alles besser zu wissen meint; der Student, der mal wieder ein Referat in den Sand setzt; die Freundin, die aus mir unbekannten Gründen beleidigt zu sein scheint und sich nicht mehr meldet. Sollen sie uns doch in Ruhe lassen! Es kostet Überwindung, in solchen Fällen innezuhalten und die Standardeinstellung in Frage zu stellen. Oft bekommen wir das nicht hin. Meistens sind wir recht ungnädig. Soll er, soll sie sich doch zusammenreißen, sich bemühen – oder mich nicht weiter belästigen.

Im Gleichnis vom unfruchtbaren Feigenbaum, wie es bei Lukas erzählt wird (Lk 13,6-9), finden wir uns wieder: Hau den Baum um, der seit Jahren keine Frucht mehr bringt! Was soll er weiter Kraft kosten? Lukas (und Wallace) erwidern: Lass den Baum stehen, vielleicht trägt er noch Früchte. Wenn die Umstände sich bessern, wenn andere Zeiten kommen. Das ist es wohl, was wir in der christlichen Tradition Gnade nennen. Gott ist uns gnädig. Er schreibt den Menschen nicht ab. Und Gott treibt diese Gnade auf die Spitze. Er will warten, bis wir zur Umkehr bereit sind. Er tritt in Vorleistung. Er hat uns die Freiheit geschenkt, die all das erst möglich macht, wovon Wallace spricht: selbst denken, sich in Frage stellen, die eigene Arroganz ablegen, die Standardeinstellung überprüfen können. Vielleicht gelingt es uns ja hin und wieder, den Autopiloten abzuschalten, der uns so routiniert durch den Alltag lotsen kann. Wie sehen diese Momente wohl aus, in denen wir freier gegenüber unseren Standardeinstellungen werden? Ohne es auszuprobieren, werde ich es nicht erfahren. Es nicht zu riskieren heißt, so noch einmal Wallace, in der Tretmühle gefangen zu bleiben.

Stephan Goertz (2013)

Vater sein

Sklaverei, Vertreibung, Völkerwanderung – also Migration – und das damit verbundene Leid und die Hoffnung auf die Gründung einer neuen Zivilisation bilden für mich, der ich kein guter Kenner der Geschichte des Volkes Israel bin, die Monumental-Themen des Bibel-Textes. Themen, die bis heute die Menschheitsgeschichte prägen – mit allen politischen Problemen, die wir bis heute nicht in den Griff bekommen haben. Wir haben in Deutschland in den letzten

Jahren einen kleinen historischen Hauch dessen gespürt und spüren ihn jetzt wieder sehr genau.

Aber selbst wenn wir mit vielen Kenntnissen, einer geänderten Verhaltensweise und gelebter Toleranz handeln, drehen wir nur mit einer kleinen Kurbel am Riesenrad der Weltgeschichte. Unser Wissen verbessert das Große und Ganze also kaum. Ich glaube kaum, dass ich da übertrieben pessimistisch bin. Es ist frustrierend.

Doch ich kann den Text noch ein zweites Mal anschauen und die Begriffe in den Blick nehmen, die mein Herz schneller schlagen lassen: „Väter", „neuer Bund" und „Missetat/Sünde". Sie lösen ganz andere Assoziationen aus, sie sind näher an mir dran. Hier kann ich wirksam sein: Ich kann als Vater, der ich bin, mein Kind sicher in die Zukunft begleiten. Und nicht nur das. Ich habe mit anderen Vätern einen Verein gegründet, die mit mir das gleiche Ziel verfolgen: gute, fürsorgliche Väter zu sein und dabei möglichst viele Väter mitzunehmen und zu stärken – und zwar lange bevor sie Probleme haben. Wir wollen vermeiden, dass sie eine „Missetat" oder „Sünde" begehen – und das bedeutet in unserem Sinne: Gewalt auszuüben, sich nicht um ihr Kind zu kümmern, keine Zeit zu haben, es nicht zu stärken, nicht zuzuhören, die Mutter im Stich zu lassen – wie leider viele unserer eigenen Väter; Väter, die uns kaum in den Arm nahmen, uns nicht lobten, nicht sagten, dass sie „stolz" auf uns sind, die im Krieg oder in der Nachkriegszeit von Gewalt, Tod und Hunger traumatisiert wurden oder hart arbeiten mussten, um produktiv zu sein.

Mit dem Motto unseres Vereins „Vater sein. Da sein." wird alles ausgedrückt: Wir sind für unsere Kinder da – nicht etwa sie für uns. Sie machen unser Dasein nicht nur notwendig, sondern überhaupt erst lebenswert und sinnvoll. Ich kann es noch etwas pathetischer ausdrücken: Drei Dinge sind wichtig für mein Verständnis von Mannsein: Geburt, Vater werden (auch im übertragenen Sinne, muss nicht leiblich sein!), Tod.

Immer, wenn ich in unserem Vater-Kind-Café, auf einem Zeltlager oder bei den Elternzeit-Vätern bin, wenn ich also die Väter und Kinder miteinander sehe, weiß mein Herz, dass das, was wir tun, richtig ist. Das sind für mich „heilige Momente".

Ein guter Vater zu sein, ist die beste Lebensaufgabe, die es für einen Mann gibt. Er muss ja nicht gleich einen neuen Verein gründen. Es genügt, den „neuen Bund" mit sich selbst zu schließen.

Jürgen Kura (2018)

„Mein Vater war ein Heimatloser"

Nicht nur durch den Krieg in der Ukraine stehen aktuell viele Heimatlose vor unserer Tür, nein, sie treten seit Jahren zu Tausenden bereits ein und werden es auch in den nächsten Jahren durch Kriege, Katastrophen und sonstige Not tun. Ich denke, dass sich diese Fluchtgründe nicht ändern werden. Mein leiblicher Vater war kein Heimatloser. Auch meine Kinder haben keinen heimatlosen Vater. An der Grenze zwischen dem Münsterland und dem Ruhrgebiet ist unsere Heimat, hier sind wir zu Hause. Aber wenn ich in unserer Familiengeschichte zurückschaue, brauche ich gar nicht viele Generationen zurückzugehen. Da tauchen die Vorfahren auf, die sich aus Ostpreußen auf den Weg gemacht haben ins für sie verheißene Westfalen.

Im Buch Deuteronomium, Kapitel 26, stehen die Gründe, warum Menschen ihr Land verlassen und das Land suchen, von dem sie meinen oder wissen, dass Gott es für sie bereitet hat. Was in der Bibel galt und gang und gäbe war, was meinen eigenen Vorfahren recht und billig war, warum sollte es nicht auch für das Heer der Heimatlosen gelten, die an den Toren Europas stehen oder diese bereits durchschritten haben? Nein, mir macht diese Menschenwanderung keine Angst, obwohl ich die Sorgen derer verstehe, die dabei Angst empfinden. Ich glaube, dass wir durch die Flucht vieler Menschen die Realität dieser Welt vor Augen geführt bekommen. Eine Welt, die immer noch Krieg, Terror und Unrecht kennt und die heute genauso dringend die Auferstehung Jesu und die Vergebung unserer Sünden braucht. Machen wir uns doch nichts vor. Können wir wirklich so naiv sein und glauben, dass wir als Europäer, als Deutsche und auch ganz persönlich keinen Anteil an Krieg, Terror und Unrecht haben? In unserer globalen Welt habe ich fast keine Chance, nicht irgendwie involviert zu sein. Wo und was kaufe ich ein? Warum verbrauche ich mehr Energie als die meisten Menschen dieser Welt? Weiß ich, in welchen Fonds meine Lebensversicherung mein Geld investiert? Und so weiter.

Ja, wir sind Bestandteil dieser Welt mit ihren Problemen und Nöten. Wir sind aber auch Bestandteil der Lösung. Im oben erwähnten Kapitel steht, dass wir von unseren Früchten des Feldes abgeben sollen. Wir können abgeben, teilen und teilhaben lassen. Durch alle Ängste, Schwierigkeiten und Zweifel hindurch. Dann gilt auch heute noch, was am Ende des Kapitels 26 steht: „Wenn du den Korb vor den Herrn, deinen Gott gestellt hast, sollst du dich vor deinen Gott niederwerfen. Dann sollst du fröhlich sein und dich freuen über alles Gute, was der Herr, dein Gott, dir und deiner Familie gegeben hat: du, die Leviten und die Fremden in deiner Mitte."

Stephan Buttgereit (2016)

Glück der Unsichtbarkeit

„Glück gehabt", ich wurde nicht geblitzt. „Glück gehabt", mein Fehler ist nicht aufgefallen. „Glück gehabt", ich habe die Stelle bekommen. „Glück gehabt", meine Leistung wurde endlich anerkannt.

Ist das unser Glück? Nicht auffallen? Fehler und Schwächen verstecken? Aber ansonsten: Bei jeder Gelegenheit „gesehen werden". Möglichst „oben stehen". Die Leistung „gewürdigt" bekommen. Am besten „unverzichtbar" sein. Denn wer verliert, wird gefeuert. Nicht nur in der Fußballbundesliga.

So jedenfalls lehrt uns immer wieder das herrschende Männerbild. Manchmal kostet uns das etwas arg viel: Ehrgeiz, Anspannung, Stress und die Suche nach Anerkennung können lähmen, wenn nicht zur Sucht werden.

Da ist der Weg zum Glück, den Johannes XXIII. weist, schon eher starker Tobak: „Heute, nur heute werde ich eine gute Tat vollbringen, und ich werde es niemandem erzählen." Macht das dann noch Spaß? Keiner soll merken, dass ich das war?!

Ich rate dir: Probiere es aus. Faste mal bei Ehrgeiz, Anerkennung und Gesehenwerden. Verzichte einmal darauf, dir Erfolge zuschreiben zu lassen, mit deiner Leistung gesehen zu werden. Es könnte dir guttun. Der Papst, Burnout-Forscher und Mystiker sind hier übrigens der gleichen Meinung: Der Weg zum „Himmel“ bricht mit der gewöhnlichen Logik des Erfolgs.

Aber warum eigentlich? Worin besteht dieses merkwürdige himmlische Glück, nicht gesehen zu werden?

Spirituelles Wachstum zielt auf mehr. Auf Lassen statt Machen. Auf Gottvertrauen statt Selbstvertrauen. Auf Gelassenheit statt Anerkennungsdrang. Auf innere Autonomie statt Fremdbestimmung. Auf ein Stück Himmel auf Erden. Auf den langsamen, aber steten Atem Gottes in mir.

Willst du es wagen und ausprobieren?! „Ich werde eine gute Tat vollbringen und keinem davon erzählen.“ Aber bitte: Etwas weh tun soll es schon. Etwas Zentrales soll es schon sein. Etwas, an dem dein Herz hängt. Es sollte schon etwas mehr sein als einfach weniger Butter aufs Brot schmieren.

Und wenn du das machst, nicht davon zu erzählen: In der gewonnenen Zeit könntest du dich durchaus dir selbst zuwenden. Und zum Beispiel deine Sehnsüchte anschauen.

„Willst du aber etwas wahrhaft Heilsames wissen und etwas Rechtes lernen, so lerne die große Kunst, gerne unbekannt zu sein und dich für nichts halten zu lassen.“ (Thomas a Kempis, 1380 – 1471). Das himmlische Glück war schon immer etwas anspruchsvoller als das Glück der Erde. Aber, haben wir weniger verdient? Lohnt wirklich weniger? Das kann nur das Leben entscheiden. Es ist deines.

Hans Prömper (2013)

Mit dem Tod leben

Freundschaft ist seit einer gewissen Zeit wieder in aller Munde. Freilich, das Ding mit der Männerfreundschaft ist eine heikle Angelegenheit. Soziologen bilanzieren nüchtern: Viele Männer hätten eigentlich keine richtigen Freunde, sondern: Saufkumpane, Kollegen, Kumpels. Männer würden ihre eigentlichen Probleme, ihre Schwächen höchstens versehentlich mal mit der Tresenallianz besprechen. Unter Männern gelte als Ausdruck von Freundschaft: Man unternimmt etwas gemeinsam, man checkt in spielerischer Konkurrenz die Stärken des anderen, man hält sich eher an der Oberfläche und agiert Schulter an Schulter, orientiert sich nach außen. Kannst du das bestätigen?

Die Geschichte von Jesus und Lazarus (Joh 11,1-45) erzählt vom Tod eines Freundes Jesu. Jesus erhält die Nachricht, dass sein Freund schwer erkrankt sei. Doch seine Reaktion ist erschreckend. Er spiritualisiert das Problem („Diese Krankheit … dient der Verherrlichung Gottes.") und bleibt noch zwei Tage länger dort, wo er sich gerade aufhält. Toller Freund! Hat er Angst, sich mit Krankheit und Tod auseinanderzusetzen? Nimmt er die Nachricht nicht ernst?

Lazarus stirbt. Jesus kommt zu ihm nach Hause, am vierten Tag nach dem Tod des Freundes. Nicht mal zur Beerdigung ist er rechtzeitig erschienen. Jetzt steht er irgendwo im Nirgendwo. Doch als Maria, Marta und eine Menschenmenge zu ihm kommen, heißt es: „Da weinte Jesus". Nüchterne Beobachter kommentieren: „Hätte er das nicht verhindern können?" Jesus aber lässt das Grab des Freundes öffnen, in dem dessen Leichnam bereits verwest, und ruft: „Lazarus, komm heraus." Der Freund steigt aus dem Grab, und die beiden Männer stehen voreinander. Was sie sich jetzt zu sagen haben, dafür interessiert sich das Evangelium nicht. Wäre ich Lazarus, gäb's Krach. Aber gewaltig …

„Mit dem Tod leben" – diese Männergeschichte bietet Stoff, sich mit den eigenen Freunden über die Qualität und die Grenzen der Freundschaft in wechselseitigem Feedback auseinanderzusetzen. Bist du da, wenn es mir schlecht geht? Kümmerst du dich um mich und um die, für die ich verantwortlich bin, wenn ich krank bin? Oder meidest du mich, wenn du mich nicht für deine Interessen gebrauchen kannst? Stellst du mich in den Schatten, wenn es dir gerade passt?

„Mit dem Tod leben": Was ist zwischen uns tot? Was darf leben? Welche Themen vermeiden wir? Was blenden wir aus unserer Freundschaft aus? Welche Leichen liegen bei uns beiden im Keller?

Werner Portugall (2007)

Kapitel 9:
Gefühle

In Tiefschlaf und Angst

Ein Albtraum reißt mich aus dem Schlaf und lässt mich bis in den Morgen nicht mehr zur Ruhe kommen. Völlig übernächtigt und leer stehe ich für die Arbeit auf, die jeden Tag dasselbe von mir verlangt. Irgendwann erwischt sie uns alle: die Midlife-Crisis. Unzufriedenheit und Aussichtslosigkeit sind der Nährboden für depressive Gedanken und Gefühle. Mein Körper produziert weniger Testosteron, weshalb ich weniger leistungsfähig bin, dafür umso schneller reizbar. Ich werde schneller nervös und fühle mich ständig müde. Dabei wäre jetzt der große Karriereschritt dran. Überhaupt malt sich meine Fantasie die eigenen Möglichkeiten nahe am Größenwahn aus, dem meist eine umso größere Untätigkeit folgt. Bedrohlich wird es, wenn ich versuche, die Depression mit männlichen Strategien zu bekämpfen: Ich könnte der Überforderung und Angst ja entfliehen, wenn ich mehr trinke oder den Job kündige. Oder könnte der Langeweile mit einem Seitensprung abhelfen oder ganz an Partnerwechsel denken.

Die Schlafforschung teilt den Schlaf in Phasen ein von leichtem Schlaf, Tiefschlaf und in jene Phase, in der sich die Augen ganz schnell drehen und wir Traumbilder sehen. Traumbilder spielen in der Bibel eine wichtige Rolle. Manches geschieht wie im Schlafe, so auch der Bundesschluss Gottes mit Abram. Traumbilder spielen auch in meinem Leben eine Rolle, egal ob ich morgens aufwache oder aus dem Schlaf gerissen werden, weil Sorge und Überforderung mir den Schlaf rauben wollen.

Gönne ich mir Schlaf, den so unterschiedlichen mit seinen so unterschiedlichen Träumen, aus denen sich vielleicht mein Lebenstraum webt? Ein Mensch, der einen Traum für sein Leben hat, lebt anders: motiviert, zielorientiert, selbstsicher und mit der Kraft, Krisen erfolgreich zu meistern. Die Kunst des Träumens müssen wir aber oft erst wieder lernen. Denn Träume helfen erst dann weiter, wenn wir richtig mit ihnen umgehen:

- Eine Hilfe ist es, sich ein *Notizbuch mit Stift* auf den Nachttisch zu legen. Wenn ich aus meinem Traum aufschrecke, kann ich das

Geschaute notieren. Oder am Morgen, wenn ich aufwache, kann ich mir Notizen machen zu dem, was ich erinnere. Träume sind vergänglich und wir vergessen sie schnell.

- Ein weiser Mann hat mir zu dieser Übung des Träume-Aufschreibens einen wichtigen zweiten Schritt geraten: *Träume deine Träume zu Ende*! Also schreib auf, wie das, woran du dich erinnerst, weitergehen soll. Bei den Albträumen schreibe, wie es gut ausgehen kann. Bei den schönen Träumen, schreib, welchen Schritt es ehrlicherweise zur Verwirklichung braucht.

Ulrich Kuther (2016)

Heiliger Zorn?

Als Journalist interviewe ich häufig interessante Menschen. Dabei versuche ich, wenn möglich an den Glutkern zu kommen, den ein Gesprächspartner in sich trägt: etwas, wofür er brennt, was ihm wirklich wichtig ist. Genau diesen Glutkern erlebe ich auch bei Jesus. „Der Eifer für dein Haus wird mich verzehren" (Joh 2,17 in Bezug auf Ps 69,10).

Vielleicht kennst du diese turbulente Szene. So emotional erlebe ich Jesus an keiner anderen Stelle des Evangeliums: aggressiv, zornig, fast kopflos, wie er die Geißel aus Stricken schwingt. Er wirft die Händler und Opfertiere aus dem Tempel, stößt die Tische der Geldwechsler um, blafft die Taubenhändler an: „Macht aus dem Haus meines Vaters kein Kaufhaus!" (Joh 2,16).

Jesus rastet aus. So kenne ich ihn nicht. Aber ich verstehe ihn. Er ist zornig, er ist enttäuscht, weil „der Markt", weil das Geschäftemachen nun bis ins Heiligste hineinwuchert – und damit die Gier, das Geschacher, der Missbrauch von Menschen, der Missbrauch von Religion. Sein Gott, den er Vater nennt, steht für ein anderes Gesetz des Zusammenlebens: für die Liebe, die „gratis" geschenkte Liebe. Im Himmelreich gelten die Gesetze der Liebe, nicht die des Marktes. Und nun nisten sich die Geschäftemacher sogar im Inneren des Tempels ein!

Ich stelle mir vor, der Tempel wäre ein Bild für mich selber. Dass in mir selber der heiligste Bezirk zugewuchert wäre durch das Habenwollen, die Gier, die Suche nach dem eigenen Vorteil. Die Räuberhöhle in mir? Meister Eckhart deutet die Stelle so. Es gilt, Platz zu schaffen für das Heilige in mir, das auszutreiben, was Gott den Platz in meiner Seele streitig macht. Halte ich „meinen" Tempel heilig? Der Markt, die Gier, das Habenwollen macht nicht nur das Heilige korrupt, sondern zerstört auch die Menschlichkeit. Bis heute. Will mir einer wirklich Gutes oder will er mein Geld? Wir kämpfen heute um den Sonntag als kommerzfreie Zone und haben auch nicht viel mehr in der Hand als eine lächerliche Geißel aus Stricken. Jesus ist aggressiv. Hat das ein Echo in mir? Bin ich abgestoßen oder fühle ich: ja, im Grunde müsste man mal „durchgreifen". Mal „aufräumen". Mal „was tun". Der heilige Zorn, gefährlich, abgründig, verlockend?

Kommt in mir selbst etwas in Resonanz, wenn ich das höre? Gibt es ein Echo, wie fern und verschwommen auch immer? Kenne ich meine Leidenschaft, meine Sehnsucht nach echten Werten, nach unverfälschten Idealen? Wo verläuft meine innere Goldader, mein unverwechselbares Engagement, mein Glutkern? Wofür setze ich mich ein, was brennt in mir?

Jesus zeigt Leidenschaft. Das bringt ihn mir nah. Er bleibt mir aber auch fremd in der Szene, denn ich würde einen solchen Ausbruch niemals wagen. Auch weil es nichts bringt. Umsturz kommt nicht, indem ich die Tische der Wechsler umstürze und indem ich das Schwert ziehe. Der wahre Umsturz braucht größere Stärke: Er geschieht, wo Menschen sich um keinen Preis von der Liebe abbringen lassen, egal wie übel man ihnen mitspielt. Wer das „kann", in der Kraft Gottes, der verwandelt die Welt.

Klaus Hofmeister (2015)

Mit dem Herzen sehen

Der oft zitierte Gedanke aus dem *Kleinen Prinzen* von Antoine de Saint-Exupéry – „Man sieht nur mit dem Herzen gut, das Wesentliche ist für das Auge unsichtbar!" – fällt mir bei der Wundergeschichte der Blindenheilung durch Jesus (Joh 9,1-41) ein. Wo Jesus einen von Geburt an Blinden heilt, denke ich: „Typisch Jesus! Da ist jemand blind und wird mal eben so geheilt." Irgendwie auch sehr männertypisch. Es gibt ein Problem, also muss eine Lösung her. Wenn man jedoch nicht wie Jesus über göttliche Kräfte verfügt, ist es dann doch nicht so einfach.

Zunächst muss man sich klar werden, dass jemand, der von Geburt an blind ist, keine Ahnung davon haben kann, was es bedeutet zu sehen. Er muss darauf vertrauen, dass es einen Sinn wie Sehen überhaupt gibt, und er muss darauf vertrauen, dass dieser Sinn ihm im Leben weiterhilft. Und nur weil er dies tut, weil er vertraut, lässt er sich von Jesus berühren.

Und dies ist meiner Erfahrung nach eben nicht gerade etwas Männertypisches. Wenn ich wieder an den kleinen Prinzen denke, erlebe ich oft Männer, die sehr rational sind, viele Zweifel haben und sich oftmals nicht trauen, mit ihrem Herzen in die Welt zu blicken. Oftmals weil ihnen das Vertrauen fehlt, dass es genau dieser Sinn ist, der ihnen im Leben das Wesentliche zeigt. Ich wünsche diesen Männern zum einen, dass sie die Neugier finden, auf ihr Herz zu schauen und diesem vermeintlich unmännlichen Sinn die Aufmerksamkeit zu schenken, den er verdient, und zum anderen den Mut, sich von anderen ihr Herz anrühren zu lassen.

Mir ist bewusst, dass dies nicht leicht ist und Überwindung kostet. In der Bibel streicht Jesus dem Blinden einen Teig aus Sand und Speichel auf die Augen, eine sehr unappetitliche Prozedur, wie ich finde. Aber auch das ist Teil des Lebens: Es gibt nichts geschenkt, und manchmal muss man einiges überwinden oder über sich ergehen lassen, wenn man Neues entdecken will. Und dies erlebe ich auch, wenn ich auf mein Herz schaue. Dort sehe ich: Dinge, die mir Angst machen, wo meine Sehnsüchte liegen, was mich traurig macht. Dort finde ich Energie für neue Aufgaben, Humor und Leichtigkeit und für mich das Wichtigste: die Beziehungen und die Liebe zu anderen Menschen.

Was genau jeder Einzelne von Ihnen dort sieht, ist letztlich meiner Meinung nach auch gar nicht so wichtig. Wichtig ist die Erkenntnis, dass sich eben dort das *Wesentliche* abspielt.

Rüdiger Jähne (2017)

Hochgejubelt und doch fallen gelassen. Der spannungsgeladene Alltag

Am Palmsonntag wird diese Diskrepanz in der Liturgie für mich greifbar und reißt mich jedes Jahr aufs Neue in die innere Erschütterung. Traurig, ratlos und ein wenig hilflos lässt mich dieser Gottesdienst zurück.

Beim kleinen, aber auch feinen Einzug nach Jerusalem wird Jesus bejubelt, beklatscht und hoch gefeiert (Mt 21, 1-11). Lob, Zuwendung und Nähe bekommt er. Das tut gut! Doch das wird sich bald ändern. Es geht ihm buchstäblich an den Kragen. Seine Jünger wissen nicht, was auf ihn zukommt. Der eine verleugnet ihn. Andere schlafen ein, gerade als es ihm „echt dreckig geht". Einer seiner Jünger, der ihm zuvor „hochheilig" versprochen hat, bei ihm zu bleiben und ihn zu lieben, verleugnet ihn. Ja, er sagt sogar, er kenne ihn gar nicht mehr.

Verrückte Welt? Nein! So was erleben wir doch als Männer, vor allem im Beruf!

Für Jesus heißt es nun, alleine seinen Mann zu stehen und zu kämpfen. Aber es ist ein schier aussichtsloser Kampf. Gegen die Mächte der Welt. Was muss Jesus für eine tiefe Angst und Einsamkeit empfunden haben!

Mir ist Jesus hier ganz nahe. Ich spüre diese Spannung zwischen dem Hochjubeln und dem Alleinegelassen-Werden.

Da bekomme ich eine Aufgabe, die ich bearbeiten soll. Andere finden das gut und sagen, ich solle das doch machen. Ich sei der richtige Mann dafür. Wenn es dann schwierig wird, wer steht dann noch hinter mir oder steht mir bei?

In einem Verein einen Posten übernommen. Bei der Versammlung sagen einige, sie unterstützen mich. Doch nach einiger Zeit frage ich mich: Wo sind sie geblieben?

Sicherlich sind solche Szenen im eigenen Leben bekannt:

- Wie viel Lob und Dank brauche ich oder wünsche ich mir?
- Wo erwarten andere von mir Lob und Dank?
- Wo erlebe ich Zeiten der Einsamkeit und des alleine Kämpfens? Was trägt mich durch diese Zeiten?

- Kann ich in Jesus einen Sympathisanten finden?
- Die Bildworte des Psalms 22 können meinem männlichen Innenleben Worte geben:

„Alle, die mich sehen, verlachen mich,
verziehen die Lippen, schütteln den Kopf.

Viele Hunde umlagern mich,
eine Rotte von Bösen umkreist mich,
sie durchbohren mir Hände und Füße.

Man kann all meine Knochen zählen,
sie gaffen und weiden sich an mir.

Sie verteilen sich meine Kleider,
und werfen das Los um mein Gewand.

Du aber Herr, halte dich nicht fern!
Du, meine Stärke, eil mir zu Hilfe!"

Was kann Mut und Hoffnung geben? Es sind die beiden letzten Sätze. Ich kann mir diese immer wieder – wie bei einem Mantra – vorsagen. Leise oder auch mal laut. Ich wünsche das tiefe Vertrauen, sich fallen lassen und sich tragen lassen zu können. Seine Sorge, seine Angst abgeben. Ja, wenn das so einfach wäre!

Gerhard Kahl (2008)

Den eigenen Weg gehen

Zahlreiche Erwartungen werden an uns Männer gestellt. Wir sollen stark sein und sensibel, wir sollen kräftig unseren Weg gehen, durchhalten, keine Schwäche zeigen. Aber wir sollen auch verständnisvoll sein, unsere Gefühle zeigen und für andere ein offenes Ohr haben. All das sind Erwartungen an den modernen Mann. Und wenn ich es recht überlege, dann finde ich diese Erwartungen auch richtig – zunächst zumindest.

Gerade die unterschiedlichen, die entgegengesetzten Seiten gefallen mir. Ein Mann, der nur stark ist, der immer durchhält, der immer vorwärtsstrebt, kann das nicht bis in alle Ewigkeit schaffen. Er wird seinen Preis dafür zahlen müssen, dass er nicht auch mal schwach ist. Zum Beispiel mit einer kürzeren Lebenserwartung gegenüber Frauen: Männer halten durch – bis sie umfallen.

Aber auch die andere Seite kann nicht als Lösung angesehen werden. Auch solche Männer kennt jeder: Die, die herumjammern, die sich nie als stark genug empfinden, um ihr Leben in die eigene Verantwortung zu nehmen. Sie haben Angst, etwas falsch zu machen, und fürchten die Reaktionen anderer.

Es kann also nicht darum gehen, entweder stark oder schwach zu sein. Es geht darum, beide Seiten in das eigene Leben zu integrieren. So weit, so gut.

Im Eingangssatz fällt mir aber noch etwas anderes auf. Es ist das Wort „Erwartungen". In der heutigen Zeit gibt es zahlreiche Vorstellungen, wie Männer sein sollen. Das betrifft nicht nur traditionelle Bilder von Männlichkeit, sondern auch moderne. Stichworte sind hier „die neuen Männer" oder auch „die neuen Väter". Mir scheint, als wisse die Gesellschaft, als wissen die anderen immer schon längst, wie Männer sein sollten. Und auch wenn die einzelnen Inhalte dabei gar nicht verkehrt sein mögen, wird doch zu selten gefragt, was die Männer selbst dazu sagen.

Jungen lernen schon sehr früh, Erwartungen zu erfüllen. „Du bist doch mein Großer" oder „Du bist mein Sonnenschein". Das sind Beispiele für Aussagen, die Mütter und Väter an ihre Söhne richten und hinter denen zumeist ziemlich deutliche Erwartungen stecken, wie sie sein und werden sollen. Damit ist die Lebenshaltung vieler Männer vorgezeichnet: Erwartungen zu erfüllen, seien es die der Partnerin oder des Partners, des Chefs, der Firma oder wessen auch immer. Jungen haben zu wenig gelernt, auf die eigenen Bedürfnisse zu achten und für sie einzutreten. Und so haben es auch die Männer schwer, zu spüren und zu sagen, was sie selbst für sich wollen. Sie möchten lieber das tun, was von ihnen erwartet wird. Männer sind im Privaten wie im Beruflichen dann zufrieden, wenn das Gegenüber mit ihnen zufrieden ist.

Es ist also gut, sich damit auseinanderzusetzen, was Mannsein heute und für jeden Einzelnen bedeutet. Aber wir sollten vorsichtig sein und prüfen, ob wir dabei nicht still und heimlich die Vorstellungen übernehmen, die andere von uns haben.

Matthias Stiehler (2012)

Herzkammer. Mein Herz achten

Riskieren wir einen Blick hinter die Tür? In die Kammer der verborgenen Wünsche, Sehnsüchte und Ängste. Die Kammer der Scham und des Ungenügens. Die verschlossene Kammer dessen, was nicht nach außen gezeigt wird.

Ich kenne viele Männer, die auf der Suche sind nach mehr Authentizität und innerer Übereinstimmung. Die gerne sagen würden, was sie denken und fühlen. Die spüren möchten, wie es ihnen geht, wirklich geht. Die ihr Innerstes aber nicht zeigen. Fatal, nicht zeigen können, nicht zeigen wollen. Denen ihr Inneres manchmal sehr verborgen ist.

Ist das auch ein Herzschaden? In vielen, gerade in den alten Kulturen gilt das Herz als zentrales Organ des Lebens. Es gilt als Sitz des Denkens und Fühlens. Ein denkendes Herz!

Was nun, wenn das Herz fühlt und denkt – und nichts davon nach außen dringt? Wenn die Kammer nach außen verschlossen bleibt? Fest verrammelt durch Gewohnheiten, soziale Rollen, Bilder von „richtigem“ Mannsein? Da wäre es manchmal ganz gut, wenn wir dieses Verborgene, manchmal auch uns selbst tief Verborgene einem wohlwollenden „Vater“ zeigen könnten. Einfach nur zeigen. Wenn wir den Mut haben, uns zu zeigen.

„Die Kammer meines Herzens finden.“ Sich einmal dieser inneren Kammer zuwenden. Mal nachschauen, was das für eine Kammer ist:

Etwa eine Rumpelkammer, eine Abstellkammer, gar eine geheime Waffenkammer? Oder doch eher eine Freudenkammer, eine

Kammer verborgener Schätze und Sehnsüchte? Was würde jemand wie „der Vater, der im Verborgenen ist“ sehen? Mich? Würde er mich sehen und finden? Mich finden in der Kammer meines Herzens?

In der Kammer meines Herzens – mich finden. Dazu ein Vorschlag einer kleinen Übung der Achtsamkeit. Sie kann gerne mehrfach in den nächsten Tagen wiederholt werden.

Ich suche mir einen Ort, wo ich für mich allein bin. Ich nehme mir etwas Zeit. Egal ob Wald, Berg, Kirche, Museum, Garten, Feld oder Fluss. Ich schaue und suche mir einen Gegenstand, der mich interessiert, der mich anspricht, von dem etwas ausgeht. Sei es zum Beispiel ein Baum, ein Fels, eine Kapelle, ein Kunstwerk, ein Denkmal …

Ich schaue mir diesen Gegenstand an. In Ruhe. Einfach nur schauen. Still werden.

Nach einiger Zeit (wie es mir passt): Ich lege die rechte Hand auf mein Herz. Was liegt mir am Herzen? Was bewegt mich in meinem Herzen? Kann ich es spüren?

Und noch etwas. Ich kann mir vornehmen, auf mein Herz zu achten, wenn es rast, stolpert, pocht, flattert, klopft … Es ist schließlich mein Herz. Mein zentrales Organ. Was liegt mir an meinem Herzen? Von was ist es berührt? Kann es zu mir sprechen? Mein Herz.

Hans Prömper (2017)

Kapitel 10:

Verletzlichkeit

Von Krankheit berührt sein

Im Johannes-Evangelium steht die Geschichte von der Auferweckung des Lazarus, eine Geschichte von Krankheit und Tod und von deren wundersamer Überwindung. Dies kann vielleicht speziell für unseren „männlichen“ Umgang mit Leiden und Tod heilsame Perspektiven aufschließen.

Lebensbedrohende Diagnosen oder Todesnachrichten brechen oft schockierend über uns herein. Im Evangelium wird dieser Schock relativiert, indem Jesus dem todkranken Lazarus sagt: *„Diese Krankheit führt nicht zum Tod, sondern dient der Verherrlichung Gottes. Durch sie soll der Sohn Gottes verherrlicht werden“* (Joh 11,4). Was kann das bedeuten?

Freilich gibt es unweigerlich zum Tod führende Krankheiten, und das oft früher, als uns lieb ist. Aber können solche Krankheiten nicht auch heilsame Erschütterungen unseres Alltags mit sich bringen? Können sie nicht auch substanzielle Veränderungen der Sicht auf das Leben, auf andere Menschen, auf die eigenen Werte und auf unser Gottesverständnis bedingen – allesamt Faktoren, die letztlich „heilsam“ sind?

Anselm Grün hat einmal den Unterschied zwischen Gesundheit und Heil betont: auch Kranke, selbst Sterbenskranke können demnach „heil“ sein, heiler vielleicht als so manche „Gesunde“, deren Körper noch funktioniert und deren Seele noch aushält, was Stress und Alltagshetze mit sich bringen. Selbst vor ein paar Jahren von schwerer Krankheit betroffen, erlebte ich, wie diese Lebensbedrohung alles Bisherige durcheinanderwirft, wie sie aber auch eine heilsame neue „Berührtheit“ von Zuwendung, helfender Beziehung und Dankbarkeit ermöglicht: Etwas, was uns im Alltag der gnadenlosen Leistungsgesellschaft oft völlig abhandengekommen ist.

Die *„Verherrlichung Gottes“* durch eine Krankheit kann somit auch gelesen werden als Besinnung auf jene Prinzipien des Zusammenlebens, die die Welt für Kranke wie Gesunde wahrlich menschlicher und heilsamer machen würden. Dies ist für mich der diesseitige Anteil, unabhängig vom Jenseitsglauben, des Satzes: *„Ich bin* *die Auferstehung und das Leben. Wer an mich glaubt, wird leben, auch wenn er stirbt. Und jeder, der lebt und an mich glaubt, wird in Ewigkeit nicht sterben"* (Joh 11,25-26).

Vielleicht stehen uns Männern dabei oft alte maskuline Haltungen und Muster im Weg: denn Leiden – insbesondere in einer leidensverdrängenden Gesellschaft – gilt an sich schon als wenig „heldenhaft". Umso mehr aber kann es uns ein Stück näher an das Eigentliche des Lebens heranführen. Der auch schwache, sich seiner Endlichkeit bewusste, glückbedürftige Mann ist es dann, der sich selbst und Anderen dadurch näherkommt und so ein Stück weit „erlöst" wird: „Löst ihm die Binden, und lasst ihn weggehen", endet diese Heilungsgeschichte.

Josef Christian Aigner (2017)

Bejubelt und fallen gelassen

Ein Mann auf der Höhe seiner Kraft. Ich kenne das Gefühl. Ich habe mich eingesetzt für eine Sache, das Äußerste gegeben und Erfolg eingefahren. Ich war völlig losgelöst, schwebend, im Arbeitsrausch. Jetzt ernte ich die Früchte: Wertschätzung und Anerkennung. Die Teamsitzung macht meine Leistung zum Thema, der Dank im Protokoll klingt ehrlich und beschränkt sich nicht auf die üblichen Pflichtformulierungen. Der Chef unterzeichnet die Leistungszulage. Hosanna. Ich bin auf der Höhe meiner Kraft. Der Erfolg beflügelt mich. Ich fühle mich stark und wichtig und endlich mit meinen besten Möglichkeiten erkannt.

Von Jesus kennen wir dies auch. Es wird beim Einzug in Jerusalem berichtet: Begeisterung empfängt ihn, die Menge jubelt, sie breiten ihre Kleider auf der Straße aus, reißen Zweige von den Büschen und streuen sie auf seinen Weg, sie nehmen Palmzweige und huldigen dem Messias.

Und doch: Ich unterbreche diesen Erfolgsfilm vor den Toren der Stadt für ein paar Minuten. Ich friere die Szene ein, ziehe meine Schuhe und Strümpfe aus, stelle mich still mit geschlossenen Augen auf den Boden, weil ich fühlen will, was mich in dieser Situation wirklich trägt.

- Wie steht es um mein Selbstwertgefühl. Sie haben ihre Kleider unter mir ausgebreitet, aber: was ist der Boden, der mich trägt, jenseits des Erfolgs? Gründe ich mich auf die Anerkennung der anderen? Wenn das Hosanna mir nicht entgegenschallt: Wie sicher bin ich mir meiner Sache?
- Wie steht es um meine Motivation: Was treibt mich an? Will ich gefallen? Brauche ich den Zuspruch, das Schulterklopfen, um mich auf dem richtigen Weg zu fühlen? Lockt mich die Macht?
- Was ist mein eigentliches Ziel, jenseits von der Lust an der Konkurrenz, dem Willen, mich durchzusetzen? Gibt es da eine Sicherheit über meinen Kurs, die auch trägt, wenn die anderen skeptisch schauen und den Kopf schütteln?

Gerade auf der Höhe der Kraft, vielleicht in der Mitte des Lebens, ist es wichtig, den eigenen Boden zu erkunden und zu fragen, was mich trägt. Es kommen andere Zeiten, wo ich noch stehen muss, zu mir, zu meiner Sache, wenn die anderen nicht mehr mitziehen, wenn sie sich abwenden, sich gegen mich stellen. Ignatius von Loyola, der Gründer des Jesuitenordens, rät, sich gerade in den glücklichen Momenten auch der Möglichkeit von Misserfolgen und Scheitern bewusst zu bleiben. Er rät, sich unabhängig zu machen von Erfolg und Misserfolg. Selbstwert und Selbststand nur aus der Arbeit zu ziehen ist ohnehin gefährlich. Wir leben letztlich viel mehr aus Beziehungen – nicht zuletzt aus der mit Gott. Erfahrungsgemäß leiden Beziehungen auf der Höhe männlichen Erfolgs. Wir nehmen zu wenig Rücksicht auf den eigenen Körper, auf eigene Empfindungen, auf die Gefühle und Bedürfnisse von Partnerin und Kindern, auf Verletzbarkeit von Mitmenschen.

Es ist gut, meinen Lebensfilm immer wieder zu unterbrechen und den Boden zu erspüren, der mich trägt. Welche Prinzipien, welches Fundament habe ich, für welche Grundoptionen stehe ich ein, welche Grundwerte sind mir wichtig, wie lebe ich meine Beziehungen – nicht zuletzt die zu mir selbst? Wenn ich dann weitergehe, setze ich meine Schritte bewusster auf den Weg. Es wird dann mehr denn je meine eigene Spur sein, die ich setze. Egal, ob ich dazu ein begeistertes Hosanna vernehme oder nicht.

Klaus Hofmeister (2009)

Man(n) scheitert nicht, sondern findet neue Wege zu sich selbst!

Bevor ich meine Ausbildung zum Männerberater antrat, hatte ich keine Vorstellung von meiner eigenen Männlichkeit. Wie funktioniere ich? Wo stehe ich mir selber im Weg? Situationen und mein Handeln zu hinterfragen, habe ich immer schnell von mir geschoben. Warum soll ich mich hinterfragen? Es ist halt so! Denn eigentlich bin ich doch derjenige, der alles im Griff hat! Und eigentlich bin ich doch der, der keine Probleme hat und Herausforderungen immer bewältigen kann. Der starke Mann, der aus jeder noch so aussichtslosen Situation als Held hervorgeht. Also einfach ein perfekter Mann! Und mit dieser Überzeugung habe ich meine Herausforderungen versucht zu meistern. Immer hundert Prozent zu leisten und sich auf den Weg der Sicherheit zu begeben, um ja nicht in das Tal der unheimlichen Gefühle wie Hilflosigkeit, Traurigkeit und Versagen zu gelangen, die in unserer Männlichkeit kein Platz finden. Und sollten doch mal diese hinterhältigen Gefühle versuchen, Platz in mir einzunehmen, bin ich Weltmeister darin, sie zu verdrängen oder mich mit Dingen abzulenken, die mir deutlich männlicher erscheinen. So gehe ich also meinen weiteren Weg und versuche meinen männlichen Narzissmus auszuleben. Mich nach außen selbst darzustellen, um immer zu zeigen, was ich doch für ein Mann bin.

Bin ich damit glücklich? Kann es Zufriedenheit ausdrücken, ständig unter Leistungsdruck zu stehen und selbstdarstellend unterwegs zu sein? Möchte ich mich nicht auch mal ausruhen und mich anlehnen? Will ich nicht auch einfach mal sagen können: „Ich weiß nicht, wie ich das schaffen soll"? Beim Gedanken daran ertappe ich mich jedoch immer wieder dabei, nicht versagen oder scheitern zu dürfen.

Aber ich kann nicht wissen, wie mein Weg ist und welchen Ausgang es nehmen wird. Wir verlangen nur von uns selbst, alles in der Hand zu haben. Und wir sind so darauf fixiert, dies nach unseren Vorstellungen zu erreichen, dass wir den Weg komplett aus dem Blick verlieren. Und wir sind nicht bereit, uns in unserem Leben leiten zu lassen.

Aber das von uns Scheitern Genannte können wir als positive Erfahrung verinnerlichen, die uns noch stärker durch das Leben gehen lässt, anstatt uns abzuwerten und schlecht zu machen. Wir sollten uns bewusst machen, dass wir nicht scheitern, sondern uns durch nicht erreichte Ziele nur selbst stärken. Und neue Ressourcen für uns finden, dem weiteren Weg und dessen Herausforderungen gefestigter zu begegnen.

Klaus Schmitz (2019)

Unsterblich?

Ich sah den Besteller *Homo Deus* von Yuval Harari (München 2017) auf meinen Zugreisen immer wieder in den diversen Bahnhofs-Buchhandlungen aufliegen. Es schien nicht aus den Regalen verschwinden zu wollen. Eines Tages griff ich zu. Das Buch war spannend zu lesen. Ich stimmte zwar mit Hararis Sicht auf den Menschen überhaupt nicht überein, ohne dabei jedoch die Fakten leugnen zu wollen, die er kenntnisreich ausbreitet. Allerdings hatte ich am Ende der Lektüre auch eine wichtige Einsicht: Die Versuchung der Sterblichkeit ist die Unsterblichkeit. Biblisch gesprochen: Sein wollen wie Gott (vgl. Gen 3,5).

Harari berichtet unter anderem von Versuchen milliardenschwerer Stiftungen und Unternehmen, die Lebenszeit von Menschen mit den Mitteln von Cyborgtechnik und Biotechnologie nicht bloß erheblich zu verlängern, sondern die Sterblichkeit ganz zu überwinden. Das ist eine Vorstellung, die ich bisher nur aus Fantasy-Literatur kannte, zum Beispiel aus Clive Staple Lewis' Roman *Die böse Macht* (Lüdenscheid 1981), und zwar als Horror-Vision. Doch es scheint sich tatsächlich so zu verhalten, dass man heute der Möglichkeit von Unsterblichkeit immer näherkommt und vor allem – was für mich entscheidend ist – näherkommen *will*. Das Projekt ist ernst gemeint. Das war meine Erkenntnis aus der Lektüre von *Homo Deus*.

Doch das führte mich zur Frage an mich selbst: Will *ich* denn unsterblich sein? Ist das für mich überhaupt erstrebenswert? Meine Antwort darauf stellte sich sofort klar ein, bis heute: Um Gottes willen – nein! Wie gut ist es, sterblich zu sein! Ja: Es gibt den schrecklichen Tod, den zu frühen Tod, den schlimmen Tod von Millionen in den Hungersnöten und auf den Schlachtfeldern dieser Welt, „Tod“ also als Folge der Sünde, wie es in Gen 3 beschrieben wird. Aber doch nicht die Sterblichkeit als solche! Mann und Frau sind von Anfang an „Fleisch“, Körper, also: sterblich. Keine Hardware und keine Software können „mich“ auf „sich“ übertragen. Mich gibt es nicht ohne meinen Körper, und mich soll es auch nicht anders geben. Der „Homo Deus“, der da mit viel Aufwand angedacht wird, karikiert die Schöpfung des Schöpfers, der mich als körperliches Lebewesen geschaffen hat. Ich halte dagegen: „Ich danke dir, dass du mich so wunderbar geschaffen hast“ (Ps 138,14). Körperlich, sterblich. Und eines Tages werde ich meinen Geist zusammen mit meinem Körper „in deine Hände“ legen (Ps 31,6). Ich freue mich darauf. Gott ist größer als ich – Gott sei Dank.

Es ist nichts Erstrebenswertes daran, unsterblich zu sein. Es ist nichts Erstrebenswertes daran, so sein zu wollen wie Gott. „An dem Tag, an dem du von dieser Frucht isst“ – von der Frucht, deren Genuss dir Unsterblichkeit (vgl. Gen 3,4) verheißt –, „wirst du sterben“ (Gen 2,17), wird dein Leben voll von Tod sein. Leben, wie es von Gott erschaffen ist, gibt es nur mit der Annahme der eigenen Körperlichkeit, und das bedeutet immer auch: der Annahme der eigenen Sterblichkeit – in Dankbarkeit sogar für die Sterblichkeit.

Klaus Mertes (2020)

Ein schöner Tag?

Ich liebe Ostern. Für mich ist es eines der bewegendsten christlichen Jahresfeste. Doch mit Karfreitag habe ich es schwer, zumindest, wie der Tag in Deutschland begangen wird. Kann man den Tag auch anders sehen?

„Er hatte keine schöne edle Gestalt, so dass wir ihn anschauen mochten. Er sah nicht so aus, dass wir Gefallen fanden an ihm. Er wurde verachtet und von den Menschen gemieden, ein Mann voller Schmerzen, mit Krankheit vertraut“ (Jes, 53,2-3).

An wärmeren Tagen reise ich gerne nach Italien an den Comer See. Am liebsten wandere ich zwischen Varenna und Bellano auf dem „Viandante“ – meinem persönlichen Pilgerpfad. Dort gibt es eine winzige Kapelle. Bisher war sie immer verschlossen. Wie gerne würde ich in die Kühle eintreten und länger verweilen. Doch in der Hitze bleibe ich nicht lange, obwohl meine Frau im Baumschatten immer geduldig wartet oder meine Söhne wirklich liebevoll stöhnen: „Och, Papa, nicht schon wieder!“ Es gelingt mir, ein Foto von der Kreuzigungsszene im Innenraum durch das Fliegengitter der Eingangstür zu schießen, eine kleine „Konserve“ für zu Hause.

Mich faszinieren Kreuzigungsszenen. Nirgendwo sonst wird ein Mann in der Öffentlichkeit so nackt, verletzlich und verwundet gezeigt. Ich finde den Anblick schön. Ich stehe dazu. Meine Frau und meine Söhne akzeptieren das. Es ist die Sehnsucht, mich ebenso zeigen zu können, mich hinzugeben und von Maria getragen zu werden.

Im Gegensatz zum obigen Text wird Jesu Körper nahezu nie hässlich dargestellt. Meist hat Jesus eine schöne Gestalt, die ich gerne anschaue. Ich finde Gefallen an ihm. Ich beachte ihn. Seine Schmerzen, seine Krankheit, sein Leid sind mir vertraut.

Dann denke ich wieder an Karfreitag, den „Klage-, Kummer-, Trauertag“. Warum müssen wir Deutschen eigentlich immer leiden? In vielen europäischen Ländern ist es der „Heilige Freitag“, in Italien zum Beispiel der Venerdi Santo, in Holland und England sogar der „Gute Freitag“, Good Friday. Heute wage ich mich an die isländische Version, góður föstudagur. Übersetzt heißt das so viel wie, „der Freitag, an dem wir jemanden lieben, an dem wir gut mit jemandem sind“.

Ich möchte meinen Kummer, meine Verwundbarkeit nicht vergessen oder „gut“ reden. Doch ich möchte mich in Liebe diesem

Mann hingeben und mich mit ihm verbinden. Ich möchte gut mit mir sein, um an die Liebe zu mir selbst zu kommen. Karfreitag ist ein schöner Tag. Ich möchte mich daran erinnern, dass die Auferstehung nahe ist.

Thomas Hölscher (2018)

Opferstätte. Auf-Hören

Er hätte es getan. Eigentlich unfassbar. Da will ein Vater seinen Sohn töten. Mit dem Messer, direkt in den Leib. Als Opfer. Weil er es gut findet. Wir haben uns an diese Geschichte männlicher Gewaltbereitschaft gewöhnt. Das steht da halt. In der Bibel, im Alten Testament. Abraham ist Gott so gehorsam, dass er ihm seinen Sohn Isaak opfern will (Gen 22,1-18).

Sind Männer so? Opferwillig? Gehorsam? Mitleidvergessen? Ich fürchte: ja, oft, auch heute noch. Mehr als uns lieb ist. Zwar nicht so direkt und brutal wie Abraham. Aber doch immer wieder „passiert" es uns. Dass wir etwas opfern. Aufopfern. Und wenn wir es selbst sind, die wir uns opfern. Für eine Aufgabe. Für ein Ziel. Für einen Auftrag. Als „Opfer" sehen wir es vielfach nicht. Weil wir es nicht merken. Weil wir uns nicht dafür verantwortlich fühlen. Weil es Teil unseres Alltags ist. Weil es selbstverständlich ist, das zu tun, wofür wir bezahlt oder anerkannt werden. Wir erbringen eine Leistung. Wir verfolgen ein Ziel.

Wir alle? Wie Abraham? Wenn wir ehrlich sind, kennen wir vermutlich solche „Opferstätten" – im übertragenen wie im wörtlichen Sinn. Moderne Opferstätten wie Büros, Baustellen, Werkshallen, Konferenzräume, … bis der Einschnitt kommt.

Ja, der unterbrechende Einschnitt: Das Projektende, das Burnout, die Versetzung, die Abwahl, der Berufsaustritt, die Krankheit, die Scheidung, oder etwas anderes. Wo Männern etwas widerfährt, das plötzlich dieses „ein Ziel verfolgen", dieses „Aufopfern für eine Sache", diese „Hingabe an einen Auftrag" in Frage stellt. Radikal in Frage stellt.

Und das soll ein „heiliger Ort“ sein? Dieser Ort der Niederlage? Dieser Ort des Scheiterns? Ja!

Wenn die „Opferstätte“ zum Ort der Umkehr wird. Wo uns ein Impuls von außen unterbricht und zur Besinnung bringt. Wo ein Impuls von außen uns abhält, die Dinge weiter zu tun. Wo uns ein fremder Impuls zur Rettung wird. Das ist ein Ort des Heils, ein heiliger Ort! In der Geschichte des opferwilligen und Mitleid-vergessenen Abraham ist es ein Engel, der eingreift: „Nimm den Widder. Gott will kein Menschenopfer.“ Religionsgeschichtlich ist das eine ziemlich deutliche Umkehr. „Liebe will ich, nicht Schlachtopfer“ heißt es schon 800 Jahre vor Christus im Buch Hosea 6,6. Gott will kein Opfer!

Und biografisch?

Ich lade ein, in den nächsten Tagen Orte und Situationen zu erinnern, bei denen sich etwas gewendet hat, an denen eine Erlösung geschah – meistens von außen. Und diese Umkehr wertzuschätzen.

- Wo oder was war meine Opferstätte? Wo war ich bereit oder dabei, ein Opfer zu erbringen?
- Wo war ich bereit, etwas mir Wichtiges, gar mein „Liebstes“ einer Sache zu opfern?
- Wer oder was war mein „Engel“, der mich unterbrach und abhielt?
- Wo wurde mir ein Ort, eine Situation, zu einem „heiligen Ort“ der Umkehr?
- Wo ist mir etwas widerfahren, das mich zu einer Umkehr veranlasste? Wo musste ich erst „hören“, um zu mir zu kommen?
- Wo ging es mir wie Abraham? „Er hätte es getan.“

[*Bezugstext:* „Dann streckte Abraham seine Hand aus, nahm das Messer, um seinen Sohn zu schlachten. Da rief ihm der Engel des Herrn vom Himmel her zu und sprach: (…) Streck deine Hand nicht nach dem Jungen aus aus und tu ihm nichts zuleide“ (Gen 22,1-18).]

Hans Prömper (2018)

Kapitel 11:
Rituale

„Heute, nur heute.“ In der Gegenwart leben

Viele Menschen möchten sich ändern und nehmen sich viel vor: Weniger essen, trinken, rauchen ... Mehr Zeit nehmen für Familie, Gespräch, Gebet. Mein Vorschlag: Streiche die vielen Vorsätze für viele Tage. Lebe nur im Heute. Das genügt.

Heute, das sind vierundzwanzig Stunden, nicht mehr und nicht weniger. Einmal dreht sich die gute alte Erde um die Sonne. Es wird Morgen und es wird Abend, es wird Tag und es wird Nacht: heute. Heute, das ist nicht gestern oder vorgestern. Keine Frage: Ich muss aus der Vergangenheit lernen. Ich will dazu stehen, was ich gesagt und getan habe. Ich will es verantworten. Es ist meine Aufgabe, das Positive zu würdigen und das Negative zu verändern. Aber ich will nicht im Gestern hängen bleiben. Zum Glück hat das menschliche Gehirn die Fähigkeit zu vergessen. Es wäre unerträglich, alles zu behalten. Heute, das ist auch nicht morgen oder übermorgen. Das entlastet mich. Ich muss nicht heute die Aufgaben von morgen erledigen. Ich muss nicht jetzt schon die Fragen der Zukunft lösen. Es geht nicht um alles oder nichts, es geht um jetzt und hier.

Heute, nur heute. Manchmal gelingt es mir, so ganz in der Gegenwart zu leben. Es sind die Glückstage: Da bin ich ganz präsent. Mit allen Fasern meines Lebens da. Mit Haut und Haar. Mit Körper und Seele.

Ein Vorschlag für heute

- Den Tag mit einer Präsenz-Meditation beginnen: Im Einatmen fließt mir das Heute von Gott her zu, im Ausatmen drücke ich meine Bereitschaft und Hingabe aus.
- Den Tag mit einer Präsenz-Meditation beenden. Ich vergegenwärtige mir noch einmal die Menschen, denen ich heute begegnet bin, und die Ereignisse, die heute geschehen sind, und verabschiede dankbar das Heute.
- Mich während des Tags immer mal wieder in die Gegenwart einbringen: Ich bin ganz hier und dieser Augenblick ist mein Leben.

Paulus schreibt an die Gemeinde in Korinth: „Als Mitarbeiter Gottes ermahnen wir euch, dass ihr seine Gnade nicht vergebens empfangt. Denn es heißt: Zur Zeit der Gnade erhöre ich dich, am Tag der Rettung helfe ich dir. Jetzt ist sie da, die Zeit der Gnade, jetzt ist er da, der Tag der Rettung" (2 Kor 6,1 f.).

Helmut Schlegel OFM (2013)

Asche, Burnout. Tür zu!

Burn-out. Ausgebrannt. Zu Asche geworden. Da geht nichts mehr.

Das mögen wir eigentlich nicht. Oder doch? Ein richtiger Mann hat Feuer. Er kann immer und lässt nicht nach. Gibt anderen Wärme und hat selbst oft mehrere Eisen im Feuer. Ein Mann ohne Feuer? Das ist keiner.

Ich könnte das noch weiter ausspinnen. Asche. Burnout. Tod. Leblosigkeit. Nicht mehr weiter wissen. Viele Männer fühlen sich nicht wohl dabei. Denn „richtige" Männer, die brennen.

Und dennoch. „Asche" ist Lebenserfahrung. Die Liebe ist vorbei. Die Motivation ist verheizt. Die Lebendigkeit ist gestorben. Der Körper ist müde und ausgelaugt. Das Feuer geht aus. Wir werden sterben. Und haben schon jetzt nicht mehr alles im Griff.

Das Symbol des Aschenkreuzes auf der Stirn ist eigentlich noch harmlos. Woanders streuen sich Menschen Asche auf den Kopf. Oder wälzen den ganzen Körper in Asche, nackt. Asche transportiert eine tiefe Lebenserfahrung: Asche gehört zum Leben.

Denn umgekehrt: Ewiges Feuer – das gibt es eigentlich nur in der Hölle. Simone de Beauvoir beschreibt in ihrem Roman *Alle Menschen sind sterblich*[22] 600 Jahre im Leben des Helden Fosca, dem Unsterblichkeit verliehen ist. Sein Nicht-Sterben-Können wird ihm jedoch zur drückenden Last, im Grunde zu seiner Hölle. Es schneidet ihn ab von allem Fühlen, von Hoffen und Engagement. Die anderen: „Sie hatten etwas gewagt, hatten ihr Leben gegeben, um sich zu überzeugen, und waren überzeugt." Aber er: „Ich konnte mein Leben nicht einsetzen, ich konnte nicht mit ihnen lächeln, nie waren

Tränen in meinen Augen, nie Feuer in meinem Herzen."[23] Unsterbliche kennen keine Liebe, engagieren sich nicht.

Also, Lob der Asche. Es tut gut, das Feuer einmal ausgehen lassen. Nicht immer nur powern.

Mein Vorschlag: Achte deine Asche! Dazu eine kleine Übung:

- Erinnere zwei bis drei Situationen der „Asche" in deinem Leben. Wo ging es beruflich nicht mehr weiter? Wo zeigte der Körper die Rote Karte und streikte? Welche privaten Sackgassen und Niederlagen zeigten dir Grenzen? Wo ging etwas zu Ende? Vielleicht brutal, schmerzhaft, voller Angst oder Scham vor dem Versagen. Schreib es auf. Sei ehrlich.
- Gehe einen Schritt weiter und verbrenne den Zettel.
- Wenn du viel Zeit hast: Setz dich vor ein Feuer und lass es vergehen. Schau, wie es ausgeht. Lass es herunterbrennen. (Eine Kerze ist ein kleiner Ersatz.)

Zeit des Verglühens und der Asche. Das Leben vergeht. Auch du wirst sterben. Das ist deine Bestimmung. „Bedenke Mann, dass du Staub bist" (vgl. Gen 3,19).

Dafür ab und zu die Tür zumachen. Die Welt draußen lassen und die Asche spüren. Meiner Seele Asche geben. Und so dem Burnout begegnen.

Hans Prömper (2007)

Scheitern ist nicht gleich Scheitern oder: die Meditation im Kartoffelsack

Es muss um das Jahr 2005 gewesen sein, als ich einen Aschermittwochsgottesdienst in der St. Antonius-Kirche in Mainz besuchte. Damals befand ich mich in einer Schaffenskrise. War mein damaliger Beruf auch meine Berufung? Konnte ich meine Energie wirklich entfalten? Wo sollte der Weg in der zweiten Hälfte meines Berufslebens hinführen? Wochenlang zermarterte ich mir das Hirn darüber, wie ich meine Arbeit besser, wertvoller oder sinnerfüllter gestalten könnte. Dabei fühlte ich mich in einer Sackgasse. Bis zu jenem Aschermittwoch.

In meiner Erinnerung war der Gottesdienst von einer spirituellen Atmosphäre erfüllt. Die dominierende Dunkelheit wurde nur sparsam von Kerzenlicht durchbrochen. Stille mischte sich mit Hoffnung und Erwartungen der Männer, die sich in der „Fastnachtshochburg" auf den Weg gemacht hatten, nachdem das Spektakel endlich vorbei war. Die Andacht selbst folgte nicht dem gewohnten Rhythmus, und gestaltet wurde sie auch nicht von einem Priester, sondern vom damaligen Leiter der Männerseelsorge Mainz.

Im Gottesdienst wurden wir eingeladen, Angebote an unterschiedlichen Orten im Kirchenraum wahrzunehmen. So konnten wir beispielsweise den Austausch mit anderen Männern suchen oder an einer „Fastnachtshochburg" teilnehmen. Ob Letztere wirklich so genannt wurde, weiß ich nicht mehr. Für mich hat es sich aber damals so angefühlt: wie eine Meditation in der Sackgasse. Hierfür hatte das Organisationsteam alte Kartoffelsäcke in der ganzen Kirche verteilt. Wer sich darauf einlassen wollte, durfte in einen der staubigen Beutel hineinsteigen und die Öffnung fest nach oben ziehen, bis es nicht mehr weiter ging. So konnten wir unsere persönlichen Sackgassen in einer Zeit der Stille buchstäblich im ganzen Körper erspüren. Für mich hatte diese Meditation im Kartoffelsack, der mir bis über die Hüfte reichte, eine kathartische Wirkung. Zunächst versuchte ich meine berufliche Sackgasse zu erspüren, doch konnte ich sie nicht finden. Vielmehr wurde mir in Stille, Dunkelheit und Kontemplation ganz zaghaft bewusst, wo ich eigentlich in keiner Sackgasse steckte, wo ich dankbar und demütig sein sollte. Meine Kinder, die Beziehung, Gesundheit und das Bewusstsein, von keinen existentiellen Ängsten getrieben zu sein.

Plötzlich verstand ich, dass mir durch die Versuchungen des „immer besser, immer weiter" und durch das Jagen nach persönlicher Selbstverwirklichung der Blick auf die Dinge verstellt wurde, die eigentlich zählen. Gerade wir Männer sind oft der Versuchung ausgesetzt, nach den Sternen greifen zu wollen, ohne das verinnerlicht zu haben, was uns erdet. Stattdessen machen wir uns hungrig auf die Suche nach neuen Herausforderungen – was auch gut und wichtig ist, solange wir das Fundament spüren – und versinken nicht selten in Verzweiflung, wenn wir vermeintlich scheitern, wenn es uns nicht gelingt, die selbstgesteckten Ziele zu erreichen.

Boris von Heesen (2019)

Fußwaschung

Jesus wäscht seinen Jüngern die Füße: „Versteht ihr, was ich an euch getan habe?" (Joh 13,12)

„Wenn jemand randvoll mit Gott ist, der die Liebe ist, kann er nicht anders, als zu lieben. Gotteinung führt somit unweigerlich zu einer entsprechenden Lebensgestalt. Wir werden, was wir durch die Geburt aus dem Gott der Liebe zutiefst sind: Liebende."[24]
(Paul Michael Zulehner)

Die Fußwaschung: Jesus gibt ein Beispiel, wie das geht, ein Liebender zu sein. In den Gottesdiensten des Gründonnerstags wird das nachgespielt, sogar Bischöfe und der Papst tun es. Sie müssen dazu die Bischofsmütze ablegen, damit sie ihnen, so gebeugt, nicht vom Kopf fällt. Wer so liebt, verliert Statussymbole, macht sich klein. Schwer für Ichlinge. Die Bewegung geht nach unten. Nichts für Aufgeblasene. So sollen Christen miteinander umgehen. Bei Exerzitien habe ich den Ritus der Fußwaschung in Ruhe selber erleben können. Die Berührung, das Sorgsame, die damit verbundene Zärtlichkeit. Ich konnte mich darauf einlassen: Da will mir einer wohl, da übernimmt einer einen Dienst an mir. Jesus fasst in dieser Geste am Abend vor dem Tod sein Leben zusammen. Dienende Liebe, so ist er da – auch für mich. So will er mein Herz berühren, mich zu meiner tiefsten Wahrheit erwecken: dass ich geliebt bin und selbst, als Liebender, ganz zu mir komme.

Ich kenne auch den Petrus-Reflex: Ich brauche das nicht, ich komm schon alleine klar, was soll das Ganze? Das Herz, das sich gegen Liebe schützt, das verletzt ist und verhärtet. Es soll weich werden, wie die Haut im Bade, wenn die Wohligkeit und Wärme langsam eindringen. Ich lasse es zu, will lernen, wie Jesus ist. Jesus wäscht mir die Füße. Sorgsam, zärtlich, liebevoll. Ich spüre eine Liebe, die etwas auf den Kopf stellt. Jesus ist nicht „da oben", ihn entdecke ich, wenn ich nach unten schaue. Vom Anfang bis zum Ende seines Lebens kehrt er Verhältnisse um. Gott in der Krippe, nicht auf dem Thron, der das Niedrige erhöht und nicht mit Füßen tritt, der sich Unmündigen offenbart und nicht den Weisen, der sich klein macht und Füße wäscht. Zum Staunen finde ich das: ein Gott, der so herunterkommt. Habe ich die Liebes-Berührung der Fußwaschung in meinem Leben am eigenen Leib gespürt? Die Zärtlichkeit, die meine Seele erreichte?

Szenen der Fußwaschung in meinem Leben: Wer war da, nicht mit großer Geste, sondern mit dem notwendigen Dienst, mit der lindernden Hilfe, mit dem kleinen Trost? Wenn ich darüber meditiere, entdecke ich Spuren des zärtlich-behutsamen Jesus in meiner Lebensgeschichte. Wie wunderbar sorgst du dich um mich! So ist Jesus, so also ist Gott, von dem Jesus inspiriert ist. So bin ich, wenn ich immer mehr zu dem werde, was ich bin. So komme ich zu meinen höchsten Möglichkeiten. Immer wieder nehme ich mir Zeit, halte mich Jesus hin, lasse mir von ihm die Füße waschen. Schule der Liebe.

Klaus Hofmeister (2013)

Com-Passion. Mit-Fühlen

Karfreitag. So extrem das vielleicht klingt: Dieser Tag gefällt mir. Da wird das Christentum ehrlich: Kreuzigung, Tod, Scheitern, Ende.

Im Karfreitag erlebe ich allen Schmerz inbegriffen. Auch meinen. Vor allem aber den Schmerz der Welt: das Kreuz der vielen Erniedrigten, Ausgebeuteten, Gefolterten, Ermordeten, Verletzten, der Verzweifelten und der Verlierer, der ungerecht und schuldlos Getöteten, das Kreuz der zu kurz Gekommenen und der Ausgeschlossenen ...

Das Christentum ist keine Religion der Sieger. Das Imperium (der Militärapparat der römischen Besatzer) tötet auf grausame

Weise. Lebendig und nackt nageln sie Jesus ans Kreuz. Das war damals üblich – ein grausamer, schmachvoller Tod für entlaufene Sklaven und politischer Aufrührer.

Kann ich dem zustimmen, dass der Tod siegt? Immer in diesem Leben. Dass auch ich sterben werde.

Der Tod am Kreuz. In dieser Ehrlichkeit liegt aber auch meine Com-Passion. Meine Fähigkeit zum Mit-Leiden und Mit-Fühlen.

In der Liturgie der Katholischen Kirche legt sich der Priester am Karfreitag auf den Boden, vor das Kreuz. Ein tiefes Symbol.

Ich lade dich ein, es am eigenen Leib auszuprobieren. Such dir einen ruhigen Ort, an dem du nicht gestört wirst. Leg dich mit der Brust auf den Boden, die Stirn in die aufeinander gelegten Hände gebettet. Nimm dir Zeit, dich zu spüren. Vielleicht spürst du deine Ohnmacht und Verletzlichkeit. Vielleicht deine Geborgenheit im Geheimnis. Vielleicht deine Gelassenheit im Annehmen dessen, was kommt und ist. Nimm dir Zeit für die Gefühle, die kommen. Es ist eine Zeit für dich.

Com-Passion. Spüre dich, am Boden, vereint mit aller Ohnmacht der Welt.

Wenn du ein Kreuz hast, schau es dir anschließend an. Die Horizontale und die Vertikale. Der geschundene Mensch. Der geschundene Christus. Gott teilt alle unsere Niederlagen mit uns.

Vor einigen Jahren bin ich auf dem spanischen Jakobsweg auch beim Christus in Furelos vorbeigekommen. Eine etwas merkwürdige Darstellung des Gekreuzigten. Die rechte Hand vom Kreuz gelöst und nach unten ausgestreckt, zum Betrachter. Ich kann diese Christus-Darstellung als Bild der Com-Passion sehen. Steigt er herab, um mein Leid mitzunehmen? Gibt er mir die Hand, um mich mitleiden zu lassen? Ja, mein Mitleiden zu fordern? Nimmt er alles Leid der Welt mit zu sich hinauf?

Ich kann dies jedenfalls als Bild sehen, das Himmel und Erde, das Leiden Christi und der Welt miteinander verbindet. Leiden, das mitleiden lässt, das mich mitnimmt.

Hans Prömper (2009)

Aus den Gräbern steigen. Wo Geist lebendig macht

Im Oktober ist meine Mutter gestorben, gestern mein Vater. Ich liebe meine Eltern, sie haben mir Wurzeln und Flügel für das Leben gegeben. Tiefe Dankbarkeit spüre ich, dass sie mir Gottvertrauen und Urvertrauen in reichem Maß vermittelt haben. Durch den Tod bricht etwas weg. Der Tod ist ein garstiger Geselle. Starke Gefühle brechen sich Raum. Trauer und Ängste sind körperlich spürbar. Mein Verstand tröstet mich, dass der Tod für meine alten, kranken, dementen Eltern etwas Befreiendes hat. Mein Glaube sagt mir: Die Liebe und das Leben sind stärker als der Tod. Gott hat einen Plan, den ich heute noch nicht durchschaue. Selbst Jesus hat sich damit schwergetan, aber ist den Weg mit Vertrauen gegangen. Trotz dieses christlichen Trostes gehört diese Zeit zu den trüben Tagen in meinem Leben. In mir wächst die Sehnsucht nach Sonne, Frühling, Ostern.

Die Erfahrung mit dem Tod trifft mich zu Beginn der Corona-Krise. Nur mit Sondergenehmigung durfte ich ans Sterbebett im Pflegeheim. Noch ist unklar, wie wir die Trauerfeier gestalten können. Meine persönliche Krise ist nur ein ganz kleiner Teil einer großen gesellschaftlichen Krise, einer Krise der gesamten Menschheit. Wir alle sind in eine unfreiwillige Fastenzeit, eine Art Timeout gestoßen.

Szenenwechsel:

Ich liege in einem Grab mitten in der Nacht. Steine, Erde und Gehölz liegen unter und auf meiner nackten Haut. Ich blicke vorbei an Ästen von hohen Bäumen in den Sternenhimmel der Toskana. Die Erfahrung ist Teil eines christlichen Rituals der Männerwoche „Mut und Kraft" der Männerarbeit der Erzdiözese Freiburg. Alles ist still, nur meine Gedanken nicht. Wie fühlt es sich für mich an, in einem Grab zu liegen? Wäre ich hier und heute bereit, meinen Tod anzunehmen? Was hat mein Leben bis hierher so wertvoll gemacht? Was und wen muss ich im Tod lassen? Glaube ich an Auferstehung und ein ewiges Leben? Es wird kalt und ungemütlich in diesem Grab. Lang sind die 10 Minuten Grabeszeit.

Dann endlich rufen die Männer laut meinen Namen. Dreimal: Michael, steh auf! Ich befreie mich von Erde, Stein und Ballast, steige aus dem Grab und werde im Kreis der Männer gefeiert und willkommen geheißen. Ich fühle mich unheimlich lebendig und mit einer neuen, tiefen Sehnsucht nach Leben erfüllt. Ich tanze, singe und feiere stundenlang.

Ich bin dankbar für die Erfahrung dieses außergewöhnlichen Rituals. Alle christlichen Rituale haben den Dreischritt: Abschied/ Tod, Grabeszeit und Auferstehung als Grundmuster. Dies so intensiv erleben zu dürfen, ist nachhaltig bei mir verinnerlicht. Wie Phönix aus der Asche, wie Jonas aus dem Bauch des Fisches, wie Elija aus der Depression am Ginsterbusch und wie Christus am Ostermorgen gibt es auch in meinem Leben die Erfahrung von Tod und Niedergeschlagenheit, aber auch die Erfahrung der heiligen Geisteskraft, die von ganz innen mich durchströmt, Heil und Freude schenkt und ins Leben ruft.

Vielleicht befinden wir uns in Krisenzeiten wie in einer Art Grabeszeit. Wir müssen uns von unseren Alltagsgewohnheiten verabschieden und harren der Dinge, die auf uns zukommen, manchmal ängstlich und in zunehmendem Maße sehnsüchtig. Wir können die Zeit nutzen, um uns auszurichten, das Wesentliche in den Blick zu nehmen, der Schöpfung/Natur Erholung zu gönnen, menschliche Solidarität neu zu entwickeln oder wieder aufleben zu lassen und voll Erwartung auf Auferstehung, ein Leben in einem neuen Licht, menschliche Nähe und ein Leben in Fülle zu hoffen.

Michael Rodiger-Leupolz (2020)

Kapitel 12:

Fastenzeit

Aschermittwoch. Asche

„Bedenke, Mann, dass du Staub bist und zum Staub zurückkehrst" (vgl. Gen 3,19). Das kirchliche Ritual des Aufstreuens der Asche auf das Haupt steht am Anfang der Fastenzeit. Es erinnert an unsere Vergänglichkeit.

Wir können nicht alles festhalten. Wir nehmen keine Reichtümer mit in den Tod. Wir haben nicht alles im Griff.

Gerade für Männer sind das manchmal harte Wahrheiten. Sie gehören zum Leben. Richard Rohr hat sie sinngemäß an verschiedenen Stellen so formuliert:

- Du bist nicht so wichtig: Ohne Demut gibt es kein menschliches Glück. Wenn du nachts zum Sternenhimmel aufschaust, erkennst du, wie klein du bist. Such dir einen angemessenen Platz in der Welt.
  Wo ist dein Platz in der Welt?
- Das Leben ist schwer: Leid und Trauer gehören zum Leben. Geh dem Schmerz und den Niederlagen nicht aus dem Weg. Nur so bist du wirklich lebendig.
  Wo spürst und erfährst du deine Lebendigkeit?
- Du wirst sterben: Alles, was lebt, vergeht. Dein Leben ist begrenzt und du kannst dem Tod nicht entrinnen. Du bist nicht allmächtig. Was macht das mit dir? Angst? Resignation, Verzweiflung? Oder Dankbarkeit?
  Was ist dein Grundgefühl zum Leben?
- Das Leben dreht sich nicht um dich: Du bist Teil von etwas, das viel größer ist als du. Du bist Teil des Lebens, Teil eines großen und heiligen Geheimnisses. In deinem Leben geht es um etwas Größeres. Was ist das für dich?
  Wofür lebst du?

Im Text des Evangeliums am Aschermittwoch heißt es: Faste im Verborgenen. Das soll keiner sehen und spüren. Gib nicht an mit deiner Demut, mit deiner Selbstbesinnung. Und das heißt auch: Das geht nur dich allein etwas an. Und Gott. Genauso wie diese tiefen Lebensfragen angesichts des Sterben-Müssens. Da gibt es für dich nur eine Antwort. Deine. Die vor dir Bestand hat.

Gönn dich dir also selbst. Nicht unbedingt sofort. Wenn es dir passt in den nächsten Tagen. Nimm dir Zeit für diese Fragen. Für das Gefühl, das sie in dir auslösen. Allein, an einem ruhigen Ort.

Die Kirche kennt übrigens ein altes Ritual – die *Prostratio*. Das meint: Sich ausgestreckt auf den Boden legen. Die Stirn ruht dabei am besten auf den ineinander gelegten Handrücken. Wenn du es probieren möchtest: Versuche dabei, nichts zu wünschen und nichts zu erbitten. Nur zu spüren.

Meine Ohnmacht und meine Verwundbarkeit. Meine Bedürftigkeit und meine Sehnsucht. Meine Endlichkeit. Vielleicht auch die unendliche und schweigende Gegenwart Gottes.

Du kannst es ausprobieren. Vielleicht 10–15 Minuten.

„Bedenke Mann, dass du Staub bist und zum Staub zurückkehrst."

Mit unserer Sterblichkeit leben können, das ist ein Segen. Ich wünsche ihn dir.

[*Zum Nachlesen:* Mt 6, 1–6.16–18; die von Richard Rohr formulierten „Wahrheiten" finden sich zum Beispiel im Buch *Endlich Mann werden. Die Wiederentdeckung der Initiation*, München 2005.]

Hans Prömper (2008)

Erster Fastensonntag. Versuchung der Macht

Neulich im Pendlerzug nach Frankfurt. Ich höre ein Gespräch mit. Zwei Männer unterhalten sich. Über ihre Firma. Über Umstrukturierungen, neue Verantwortlichkeiten, neue Vorgesetzte. Und was das Ganze für das eigene berufliche Fortkommen bedeutet. Ein alltägliches Gespräch zwischen Männern über Beruf und Karriere – und damit über Macht! Wer hat jetzt welche Personalverantwortung, wer hat welche Gestaltungsmöglichkeiten an seinem

Arbeitsplatz, wer hat zukünftig welchen Einfluss und Stellenwert im Betrieb.

Macht macht Männer an. Prominente Macht-Männer, Politiker, Wirtschaftsbosse zum Beispiel, zeigen oft sehr ausgeprägt und für alle sichtbar die männliche Lust an der Macht. Und machen ihre mögliche Kehrseite sichtbar: permanenter Stress und Zeitdruck, kaum Privatleben. Trotzdem! Macht ausüben, Leitung wahrnehmen, Verantwortung für andere übernehmen: Vielen Männern ist dies wichtig. Dafür sind sie bereit, sich zu engagieren und anderes zurückzustellen. Kein Zweifel auch, dass eine gute Machtausübung in der Gesellschaft benötigt wird. Macht macht Männer an. Aber ja doch!

Macht korrumpiert Männer. Dann wird sie toxisch. Auch dafür gibt es genügend prominente Beispiele. Wer Macht hat, steht immer in der Gefahr, diese zu missbrauchen. Um sich auf Kosten anderer zu bereichern. Um eine Bühne für die eigenen narzisstischen Bedürfnisse zu haben. Um andere klein zu machen und zu demütigen. Um andere zu unterdrücken, um Gewalt auszuüben, um Krieg zu führen. „Willst du den Charakter eines Menschen kennen, gib ihm Macht", hat Abraham Lincoln einmal gesagt. Wie wahr! Macht korrumpiert Männer. Leider bestätigt sich dies immer wieder!

Übrigens: Auch Jesus wird mit der Versuchung konfrontiert, Macht zu missbrauchen. Gleich dreimal – so erzählt es das Evangelium des heutigen ersten Fastensonntags – nimmt der Teufel Anlauf, um Jesus mit Versprechungen zu korrumpieren. Und dreimal widersteht Jesus der Versuchung, sagt Nein.

Mein Vorschlag: Mache dich heute auf eine kleine Spurensuche, welche Rolle das Thema Macht in deinem Leben spielt – vielleicht bei einem Sonntagsspaziergang, alleine oder auch im Gespräch mit jemandem, der dir nahesteht:

- Was bedeutet es mir eigentlich Macht zu besitzen und sie auszuüben? Was bin ich bereit, dafür zu investieren? Wo setze ich Grenzen?
- Welchen Einfluss, welche Gestaltungsmöglichkeiten habe ich in meinem Umfeld? Wie nutze ich meine Macht, wem nützt sie?

- Gehe ich achtsam genug mit den Menschen um, für die ich Verantwortung habe?

Ach ja, dann noch zum Schluss die Frage: Was heißt das eigentlich „Macht gut ausüben“ aus christlicher Sicht? Vielleicht ist es ja das, was Augustinus, der große Theologe und Kirchenlehrer, vor 1600 Jahren in einer Predigt sagte:

„Unruhestifter zurechtweisen,
Kleinmütige trösten,
sich der Schwachen annehmen,
Gegner widerlegen,
sich vor Nachstellern hüten,
Ungebildete lehren,
Träge wachrütteln,
Händelsucher zurückhalten,
Eingebildeten den rechten Platz anweisen,
Streitende besänftigen,
Armen helfen,
Unterdrückte befreien,
Gute ermutigen,
Böse ertragen
und – ach – alle lieben.“

[*Zum Nachlesen:* Matthäus 4,1–11]
Andreas Ruffing (2008)

Zweiter Fastensonntag. Verklärte Manner oder Männer mit verklärtem Blick

Gibt es sie und wo begegnen wir Ihnen? Und was ist überhaupt ein verklärter Blick?

Ein Mann mit einem verklärten Blick sieht etwas, was noch nicht in der Gegenwart stattfindet. Es ist nicht ganz da, sondern vor seinem inneren Auge weilt er schon in der Zukunft. Er sieht etwas, was noch nicht greifbar ist und ihm dennoch Wohlbehagen, Freude und eine tiefere innere Zufriedenheit bereitet. Er ist dort schon zu Hause, obwohl die Zeit noch gar nicht gekommen ist. In solchen Momenten geht etwas Faszinierendes von diesen Männern aus, sie strahlen und wirken schön und anmutig.

Wenn man neben solch einem Mann sitzt, spürt man diese Verklärung. Sie verunsichert etwas, und man fragt schon, wo bist du gerade. Man möchte daran teilhaben.

Wo begegnet man solchen Männern?

Ich sehe sie manchmal bei unseren Segelwochen, bei denen wir mit 10 Männern eine Woche in der Ostsee unterwegs sind. Es ist nicht am ersten Tag, meist in der Mitte der Segelwoche. Man kennt sich aus, fühlt sich in der Gruppe wohl, das Schiff gleitet dahin und die Sonne geht allmählich unter.

Da stehen dann die Männer an der Reling und schauen in die Ferne, irgendwohin; wohin, weiß ich nicht. Sie sind für sich, reden mit niemandem, und doch strahlen sie eine Zufriedenheit, ein Bei-sich-Sein aus. Ich traue mich dann kaum, sie anzusprechen oder sie auch nur zu stören. Es wirkt fast wie ein heiliger Moment.

Diese Männer sind einer inneren Sehnsucht nachgegangen, fahren mit anderen Männern auf einem großen Segelschiff, einfach so, ohne Zweck und Ziel. Sie spüren, wie ihnen das gut tut, und ich vermute, sie wünschen sich im Alltag mehr davon. Dass sie nicht nur funktionieren müssen, sondern auch mehr sich selbst spüren dürfen.

Heute am zweiten Fastensonntag hören wir von der Verklärung Jesu. Vorweggegangen ist die Versuchung Jesu. Er war 40 Tage und Nächte in der Wüste, ganz bei sich selbst. Er hat die Abgründe in sich selbst gesehen und sie bewältigt. Er ist bei sich angekommen, sicher nicht ohne Schmerzen, und nun die Verklärung.

Er sieht schon weiter in die Zukunft und ahnt, was auf ihn zukommen kann. Aber es erschreckt ihn nicht, weil er auch spürt, dass er die Kraft dazu hat.

Männer in solchen Situationen strahlen, unweigerlich, ob sie das nun wollen oder nicht. Und sie wirken auf Männer und Frauen ungeheuer anziehend, sie sind attraktiv und schön.

Die Jünger bekommen dies zunächst nicht mit, sie schlafen. Aber neben so einem Mann kann man nicht lange schlafen; das Energiefeld ist zu groß. Sie werden wach.

Sie möchten diesen Moment festhalten, ihn konservieren, Hütten bauen, sich darin einrichten. Aber das geht nicht. Es sind nur kurze Momente der Verklärung, und sie huschen weg, sobald man sie in die Wirklichkeit zurückholen will.

Und das ist gut so. Wir können nicht ständig mit einem verklärten Blick durch die Gegend laufen. Wir würden uns dabei gefährden. Aber ab und zu, in einem geschützten Rahmen, brauchen wir dieses In-die-Zukunft-Schauen. Dieser Blick gibt uns die Kraft, die Gegenwart zu verändern. Eines Tages können wir dann vielleicht mit einem etwas verklärten Blick sagen: Ja, auch ich bin ein auserwählter Sohn Gottes.

Hubert Frank (2010)

Dritter Fastensonntag. Leben in Gottes Kraft und Weisheit

Gott ist stark. So stark, dass er Mitleid hat, so sagt es dieser Bibeltext (2 Chr 36,14–16.19–23). Doch dann: Seine Boten werden verhöhnt. Da kommt eine neue Seite seiner Stärke zum Vorschein: Er wird zornig. So zornig, „dass es keine Heilung mehr gab", heißt es im Text. Kein Zurück, meint das wohl.

Für beides hat Gott Kraft: Er kann mitfühlen, ohne darin zu zerfließen. Und er kann einen Schlussstrich ziehen, der wirklich Schluss macht. Er hat, er ist Kraft voller Weisheit: nicht logisch. Nicht berechenbar. Für Überraschungen gut. Für schmerzliche Entscheidungen. Für klare Wegweisung.

Siebzig Jahre wird es kein Aufatmen geben für Israel nach diesem Entscheid Gottes. Eine Heilige Zahl: Zig-Siebenmal schweigen. Stille. Einsamkeit. Voller Gotteskraft oder: voll von Gottes Kraft. Und voller Gottesweisheit oder: Voll von Gottes Weisheit.

Deshalb, weil darin, so wird es später heißen, Israel gelernt hat, demütiger Knecht Gottes zu werden, und darum stark, so stark, dass die Völker Furcht entwickeln vor der Größe dieses Gottes, der die Kleinen groß macht.

Thomas von Aquin betet:

„Allmächtiger Gott, gewähre mir die Gnade,
glühend zu ersehnen, was wohlgefällig ist vor dir,
es mit Weisheit zu erforschen,
in Wahrheit zu erkennen und vollkommen zu erfüllen."

Kante zeigen!

Und wenn man erkannt hat: Dann Kante zeigen! Meinungsstark sein! Keine Meinungsmetereologie betreiben: Ich schau mal, wie meine Aussage wirkt, und wenn sie nicht die Mehrheit findet, dann knicke ich ein! Nein, da ist Auferstehung und Kreuz zu denken: Gottes Kraft und Weisheit reißen Horizonte auf. Lassen neue Ideen wachsen. Und machen stark gegen alle, die das unmööööglich finden.

Welche verrückte Idee liegt schon länger ad acta? Krame die hervor und nimm dir vor, einen Freund anzurufen und (endlich) mal darüber zu reden mit ihm.

Sich einmischen, die Einsamkeit in Kauf nehmen für die Wahrheit, der man sich verpflichtet. Die zig-siebenmal Zeiten der Einsamkeit: Können das Heilszeiten sein? Ja. Unbedingt. – An welche erinnerst du dich? Steckst du gerade in einer?

„Du meine heilige Einsamkeit,
Du bist so reich und rein und weit
Wie ein erwachender Garten.
Meine heilige Einsamkeit du
Halte die goldene Türe zu,
Vor denen die Wünsche warten."[25]
(Rainer Maria Rilke)

Paulus Terwitte (2012)

Vierter Fastensonntag. Schlangen

Die Bibel erzählt uns, wie eine Schlangenplage das Volk Israel auf seinem Weg durch die Wüste bedroht. Viele Menschen, Frauen, Männer und Kinder werden gebissen. In ihrer Not wenden sie sich an Mose: Du musst uns helfen! – Mose lässt eine Schlange aus Kupfer gießen, befestigt sie an einer Fahnenstange und sagt: Wenn jemand gebissen wird, muss er zur Schlange aufschauen. Dann wird er nicht sterben!

Doch nicht genug der Schlangengeschichten in der Bibel. Jesus nimmt die seltsame Geschichte aus dem Buch Exodus auf und vergleicht sich selbst mit der Schlange. „Und wie Mose die Schlange in der Wüste erhöht hat, so muss der Menschensohn erhöht werden, damit jeder, der an ihn glaubt, das ewige Leben hat" (Joh 3,14 f.).

Die Schlange hat zwei Gesichter: Sie ist intelligent, aber auch falsch. Ihr Gift ist meist tödlich, aber in kleinen Dosen kann es auch ein Heilmittel sein. Seit Urzeiten ist die Äskulapschlange das Zeichen der Mediziner und der Apotheker. –

So ist das Leben: dunkel und hell; gefährlich und heilsam; Gift und Medikament. Ja, so ist der Mensch: böse und heilig; liebevoll und hasserfüllt. Die Schlange ist in mir selbst.

Und was tut Mose? Er erhöht die Schlange an einer Stange. Den von ihrem Biss Verwundeten gibt er den Befehl: „Schaut sie euch an!" So als wollte er sagen: „Lauft nicht weg. Stellt euch dem, was euch bedroht und verletzt! Dann könnt ihr heil werden."

Jesus geht noch weiter: Er selbst macht sich zur Schlange. Er nimmt das alles auf sich, was uns krank macht. In ihm verwandelt sich das Böse und das nicht getane Gute.

So wird das Kreuz zum Heilszeichen. Jesus ist das neue Vorzeichen, das jedes Minus in ein Plus verwandelt.

Das Schlangenhafte, das Zwiespältige, das Giftige, das Krankhafte, das Unheimliche in mir – ich kann es nicht ausrotten. Ich kann es auch nicht durch einen Willensakt verändern. Ich kann es aber abgeben an den, der am Kreuz alles an sich zieht. Und ein neues Vorzeichen davorsetzt, das Vorzeichen der Erlösung, das Kreuz. Das Kreuz Christi ist das große Plus, das alles verwandelt.

Meine Idee für die kommende Woche:

Ich möchte die „Schlangen" in meinem Leben mutig anschauen. Nicht vor ihnen weglaufen. Vielleicht sind sie ja gar nicht giftig. Vielleicht sind sie sogar „Heilmittel".

Ich möchte dem nachspüren, was ich in mir selbst als dunkel und negativ empfinde. Was ich möglicherweise abgespalten habe in meinem Bewusstsein. Vielleicht ist die dunkle Seite eine Stärke oder eine liebenswerte Seite, die ich noch nicht entdeckt habe.

Ich möchte mir die Zeit nehmen, ein Kreuz zu meditieren. Ich sehe die beiden Linien: Horizontale und Vertikale, die sich überschneiden. Ich denke über ihre Symbolik nach und versuche, die beiden Linien in meinem eigenen Leben zu finden.

Ich höre in mich hinein, welche Gedanken und Gefühle mir bei dem Satz kommen, den Jesus spricht: „Ich aber werde, wenn ich von der Erde erhöht bin, alle an mich ziehen" (Joh 12,32).

Helmut Schlegel (2009)

Fünfter Fastensonntag. Wenn nichts sicher scheint

Dass *Irgendwas bleibt*, und sei es nur ein „kleines bisschen Sicherheit", singt *Silbermond* schon 2009. Die in die Jahre gekommenen Zeilen des Songs bekommen leider eine Aktualität, die ich mir nicht hätte vorstellen können und mögen.

Ein völkerrechtswidriger Angriffskrieg in Europa, getötete Zivilisten, Beschuss einer Geburtsklinik, flüchtende Frauen und Kinder, zerstörte Hochhäuser. Die Bilder reihen sich Tag für Tag unerträglich aneinander. Vom Hab und Gut bleibt vielen nichts. Sicherheit ist nur weit entfernt zu finden. Doch Angst und Schrecken reisen auch auf der Flucht mit.

Betrachte ich die Ereignisse, so „ist meine Seele erschüttert" (Joh 12,27). Mit dem Blick auf die Katastrophen der Welt, auf familiäres Unheil, auf Krankheit und Verlust werden die Fragen drängender: Was zählt? Was bleibt? Was ist sicher? Was gibt Halt?

Mit ähnlich fundamentalen Fragen kamen wohl auch die griechischen Pilger zu Jesus, von denen uns das Evangelium einmal berichtet. Nach dem Einzug in Jerusalem hält Jesus seine letzten öffentlichen Reden im Vorgriff auf sein Lebensende. In dieser Vorahnung wählt er das Bild vom Weizenkorn: „Wenn das Weizenkorn nicht in die Erde fällt und stirbt, bleibt es allein. Wenn es aber stirbt, bringt es viele Frucht" (Joh 12,24).

Jesu Tod am Kreuz werden seine Anhänger zunächst als eine schmachvolle Niederlage, als völliges Scheitern werten. Erst im Durchgang durch die Verzweiflung und Trauer wächst irgendwann eine rettende, neue Perspektive. Letzte Sicherheiten gewinnt man hier nicht durch Festhalten oder allein durch eigene Anstrengung. Letzter Halt ist nicht käuflich, nicht durch Technik herstellbar, nicht durch Macht und Gewalt zu erzwingen. Gerade wir Männer neigen ja gerne zum „Selbermachen". Doch je mehr wir gegen das Unabänderliche kämpfen, umso mehr laufen wir in die Sackgasse. Manchmal bleibt eben nur das Loslassen, damit Neues aufkeimen kann. Jesu Worte sind provokant: „Wer an seinem Leben hängt, verliert es; wer aber sein Leben in dieser Welt geringachtet, wird es bewahren bis ins ewige Leben" (Joh 12,25).

Damit kein Missverständnis entsteht: Dies ist kein Plädoyer gegen eigene Anstrengung, gegen Engagement, gegen eigenen Kampf für die Rettung. Aber wenn wir unsere Grenzen erreichen, wenn wir völlig hilflos und ohnmächtig sind, können wir selber Sicherheit und Heilung nicht „machen". Mit seinen Reden und seinem Leben lädt uns Jesus ein, im Dunkel der Erde vertrauensvoll neues Wachsen zu erhoffen. Auch für unsere Lebensbilanz können wir in diesem Bild gelassen vertrauen, was bleibt. Unsere Aufgabe ist die Aussaat, in Nachkommen oder Werken werden die Früchte wachsen. Was bleibt, hängt auch an uns, doch eben nicht allein. Gott sei Dank.

Günther Oberthür (2022)

Palmsonntag. Groß rauskommen

Karriere machen, Erfolg haben, Stärke zeigen, groß herauskommen – es ist schon ziemlich angesagt, dass Männern das gelingt.

Es macht schon etwas her, wenn man sich das Auto leisten kann, das man gerne haben möchte. Oder wenn einer handwerklich so geschickt ist, dass er die nötigen Reparaturen im Haus hinkriegt oder sogar ein Haus bauen kann. Ist schon toll, mit 50 noch so fit zu sein, dass der eigene Sohn beim Joggen ins Grübeln kommt, ob er nicht die Zeit am Computer vielleicht doch etwas reduzieren sollte, statt im Park hinter Dad herzuhecheln.

Groß herauskommen – Ratgeber und Illustrierte aller Couleur machen sich Gedanken über den erfolgreichen, karriereorientierten Mann. Doch zugleich berichten neuere Studien, dass deutsche Männer ihren Karriereerfolg oft nicht so richtig zu genießen wüssten. Den Gipfel des Erfolgs *krönt* eine merkwürdige innere Leere.

Das Evangelium vom Palmsonntag berichtet von dem Tag, an dem Jesus den Gipfel seiner Karriere erlebt. Er reitet zwar *nur* auf einem Esel in Jerusalem ein, aber für Kenner der Heiligen Schrift ist das keine Geste der Bescheidenheit. So erwarteten schon die alten Propheten die Ankunft des Messias. Jesus spielt auf diese Verheißungen an und zeigt damit, wer er ist. Er will groß herauskommen, und das scheint ihm zu gelingen. Das Volk bejubelt ihn. Doch am Ende dieses Palmsonntags sieht die Sache anders aus.

Palmsonntag – das ist zugleich der Tag des Karriereknicks Jesu. Wir sehen ihn den kommenden Untergang Jerusalems beweinen. Als er die Händler aus dem Tempel vertreibt, kündigt sich der Konflikt an, der für ihn tödlich endet. Der für einen Augenblick groß herauszukommen schien, wird schon bald heftig herunterkommen.

Da können einem Fragen kommen:

- Was bedeutet für mich „Erfolg“? Woran mache ich ihn fest? Welche „Erfolge“ konnte ich wirklich genießen? Und welche entpuppten sich für mich als „leer“ in dem Augenblick, als ich sie erreichte?

- Um welche Erfolge fühle ich mich betrogen? Woran bin ich gescheitert? Welche Karriereplanungen und welche Erfolgsstrategien gingen in meinem Leben nicht auf? Was hat mir in solchen Niederlagen geholfen?
- Will ich groß rauskommen? Oder bleibe ich lieber im Hintergrund? Warum?
- Woraus beziehe ich eigentlich persönlich meinen Selbstwert? Was ist für mich in meinem Leben wertvoll? Welche Werte strebe ich an? Und: Was schätze ich an mir selbst wert?

  [Zum Nachlesen in der Bibel: Lk 19, 28-48]

Werner Portugall (2007)

Gründonnerstag. Brot für andere sein

Manchmal bin ich Brot für andere und andere sind Brot für mich: wenn im Gespräch mit Kollegen eine Idee die andere ergibt, am Schluss das Konzept steht und es nicht mehr wichtig ist, wer welchen Beitrag geleistet hat; wenn das Gespräch mit meinen Jungs oder meiner Tochter nach Konflikten wieder unkompliziert und humorvoll wird; wenn Lebenslust und Lächeln die Liebe zu meiner Frau frei und leicht machen ... In solchen Momenten schmeckt das „Brot“ richtig gut: Das Brot, das mich nährt, und das Brot, das ich gebe.

Natürlich kenne ich auch die anderen Seiten: den Hunger, den „Seelen-Magen“, der „bis in die Kniekehlen hängt“, die eigene Bedürftigkeit, den Lebensdurst. Nicht nur mein Körper braucht Nahrung. Auch meine Seele braucht sie. Manchmal will ich das gar nicht spüren; und merke dann, wie ich nach etwas suche, das den inneren Hunger stillt. Manche Befriedigung ist schnell verflogen. Sie nährt nicht auf Dauer. Und macht eher süchtig als satt.

Immer häufiger denke ich: Eigentlich ist das richtig gut, wenn ich meinen inneren Hunger spüre. Dann kann ich aktiv für Seelennahrung sorgen – wie für das tägliche Brot. Was nährt mich? Beziehungen, die mir Geborgenheit und Rückhalt schenken, nähren mich. Erfolgserlebnisse – beruflich, sportlich, persönlich – nähren mich manchmal auch. Bücher, Geschichten und Kunst nähren mich. Zeit haben – nur für mich – nährt mich; und wenn ich mich selbst spüre – auf dem Fahrrad, in der Sonne, in der Sauna, bei der Gartenarbeit, im Kräftemessen mit meinen Jungs oder in der Liebe zu meiner Frau. Menschen nähren mich. Und Gott nährt mich! Manchmal bin ich zu sehr mit anderem beschäftigt.

Dann wieder bin ich offen für dieses Geheimnis, das sich dazwischen mischt: Wenn ich Brot kaue und schmecke, genieße, Kraft tanke und dankbar bin. Wenn Brot mehr ist als Brot. Wenn ich beschenkt werde mit Liebe, die über sich hinausweist und doch so irdisch ist. Wenn die Hoffnung in mir dann stark wird, wenn um mich herum alles so ausgetrocknet erscheint.

Gottes Wesen ist, dass er sich verkörpert: in Jesus. Und in uns. Gottes Wesen ist, dass er unser Leben gerade dort stärkt, wo der Tod sich breit macht. Und wir erleben für den Moment: In Gott verankert sein, mit ihm in Berührung kommen, nährt unsere Leib-Seele. „Wer mit mir verbunden ist, den wird nicht hungern. Und nicht dürsten. Ich nähre euch" (nach Joh 6,35). Das ist Gottes Versprechen, das Neugier erzeugt. Deshalb zwei Fragen für den inneren Dialog:

- Was nährt mich?
- Wie entdecke ich darin Gott?

[Biblischer Text: 1 Kor 11,23-26]

Reiner Knieling (2011)

Karfreitag. Männerkarfreitag

An jedem Karfreitag begegne ich als Mann dem Bild meiner Schwäche. Ich begegne dem Bild meiner Vergeblichkeit, meiner Leiden, meiner Sterblichkeit. Der leidende Knecht Gottes im 52. Kapitel des Propheten Jesaja, der leidende und sterbende Jesus in der Passion des Johannes (Joh 20,1-9): Zwei Männer der Bibel – mir wie aus dem Gesicht geschnitten. Ach was! Jetzt doch nicht! Jetzt doch noch nicht! Irgendwann vielleicht. Hör' mir bloß damit auf!

Ich kann dem ausweichen! Kein Problem. Ein Blick ins Fernsehprogramm zeigt es. An diesem Tag der Unterbrechung des sich abspulenden geschäftigen Lebens (es ist der einzige Tag im Jahr, wo immer noch fast alles zu ist), hüllen uns die Fernsehanstalten mit Film um Film ein, damit ich mir nicht im *Horror Vacui* begegnen muss. Nichts als *Ich als Mann* in meiner Leere! Nichts als *Ich als Mann* im *Horror Concreti*, im Wahn des absolut Konkreten: Ich bin wirklich sterblich. Der Tod kommt, unweigerlich. Es wird nicht ohne Leiden gehen in meinem Leben als Mann. Diesen Wahrheiten ist nicht leicht standzuhalten. Weglaufen geht meistens.

Papst Johannes XXIII. hat im siebten Gebot der Gelassenheit empfohlen: „Heute, nur heute werde ich etwas tun, wozu ich eigentlich keine Lust habe; sollte ich es als Zumutung empfinden, werde ich dafür sorgen, dass niemand es merkt." Also, Männer! Heute nehme ich mir eine Stunde Zeit zu einem Bad in meinem Grabe! Wie das geht? Ich lege mich nackt auf den Boden. Wirklich nackt (mich sieht ja keiner!) – und ich bedenke, dass ich sterblich bin. Lasse die Ängste kommen! Halte aus, dass mir schwindlig wird im Blick auf mein Schwinden – und hole, auf dem Boden liegend, Atem für die leise Hoffnung, die auf dem Grund der Abgründe vielleicht lebt. Ich decke mich nicht schnell zu mit männlicher Verdrängungsmeisterei: Was ich kann, wer ich bin, was ich habe, welche Position ich mir im Blick der anderen errungen habe? Ich frage tiefer hinunter. Ich atme aus und ein: Wer bin ich im letzten Hauch meines Lebens? Was trägt mein Leben als Mann?

Eine Stunde lang! Nicht weniger. Dazu lese und bedenke, meditiere und bete ich aus einem Wort der Heiligen Schrift: Einer der drei Texte, die in der Kirche an diesem Karfreitag verlesen werden, stammt aus dem Hebräerbrief. In Kapitel 5, Verse 7–9 lautet es da von Jesus, dem Mann und Bruder: „Als er auf Erden lebte, hat er mit lautem Schreien und unter Tränen Gebete und Bitten vor den gebracht, der ihn aus dem Tod retten konnte, und er ist erhört und aus seiner Angst befreit worden. Obwohl er der Sohn war, hat er durch Leiden den Gehorsam gelernt; zur Vollendung gelangt, ist er für alle, die ihm gehorchen, der Urheber des ewigen Heils geworden."

Ich liege auf dem Boden. Vielleicht kommen mir auch die Tränen; ich bin wütend, dass ich sterben muss. Vielleicht fluche ich auch, schreie – oder bin ganz leise, leise wie nie. Alles in Ordnung. Jesus, der mir als Mann hier wie aus dem Gesicht geschnitten ist, macht es auch: Hinein schreien ins Off! Vielleicht aber: Hinaus schreien ins Offene des Geheimnisses Gottes, das ich nicht und nie habe. Klagen oder ganz leise werden im Unausweichlichen meines Sterbens, meines kommenden Todes. Und darin: Hoffen, Weiteratmen, ein größeres Lieben ahnen. Auch in meinem Scheitern bin ich der geliebte Mann: Der Tod ist nicht die schließende Tür über mir, über niemanden! Es komme, ja, mehr noch vertrauend, es kommt der Tod des Todes – und dann und darin:

Alle sind dabei, niemand geht verloren!

Markus Roentgen (2013)

Ostern. „Aufstehen zur Begegnung"

Auferstehung ist ein Zentralbegriff des christlichen Glaubens. Viele Menschen können sich aber darunter nichts vorstellen. „Aufstehen", das verstehen wir: Morgens aus dem Bett oder mittags nach dem Mittagsschlaf; nach längerer Krankheit oder wenn wir hingefallen sind, stehen wir wieder auf.

An die Auferstehung der Toten und das Leben über den Tod hinaus zu glauben, war nie einfach. Der auferstandene Jesus selbst hatte es nicht leicht, seine Apostel, die Jüngerinnen und Jünger, von der Auferstehung zu überzeugen. Obwohl sie Jesus als den Messias des anbrechenden Gottesreiches erfahren, seine machtvolle Predigt gehört und seine Wunder miterlebt hatten, musste er harte

Überzeugungsarbeit leisten, um sie zum Glauben an seine Auferstehung zu führen. Davon hören wir in den Evangelien der Ostertage.

Durch Begegnungen – so berichten die Texte – führt der auferstandene Jesus die Seinen zum Glauben an die Auferstehung und das neue, ewige Leben im Himmel. Begegnung ist der Schlüssel zum Glauben an die Auferstehung damals wie heute! So wie die Jünger können auch wir zum Glauben an die Auferstehung kommen, indem wir Jesus Christus begegnen im Gottesdienst, im Lesen und Hören des Wortes Gottes aus der Bibel, in den Sakramenten, durch das stille Gebet. Besonders Pilgern und Wallfahren sind Bewegung und Begegnung mit Menschen und mit Gott.

Durch die Begegnung können wir Auferstehung mitten im Leben in vielfacher Hinsicht erfahren. Paulus gibt dazu folgenden konkreten Hinweis: „Einer trage des anderen Last“ (Gal 6,2). Wenn wir uns für Menschen einsetzen und ihre „Last“ mittragen, geschieht Auferstehung. Denn wem geholfen wird, der atmet auf, der richtet sich auf, der steht auf zu neuem Leben.

Damit Auferstehung durch Begegnungen erfolgen kann, ist das Aufstehen zur Begegnung mit den Armen, den Leidtragenden und denen, die am Rand stehen, Voraussetzung. Wer hocken bleibt und sich in grüblerisches Nachdenken und endlose Diskussionen verliert, kommt nicht zur Erfahrung von Auferstehung, dem bleibt der Glaube an die Auferstehung verschlossen. Wichtig sind auch die Begegnungen bei Festen und Feiern. Sie vermitteln die Freude und den Frieden der Auferstehung. Wenn wir uns um Begegnungen mit vielen verschiedenen Menschen bemühen, dann kann auch in unserer von Individualismus und Abschottung geprägten Gesellschaft Auferstehung zur Gemeinschaft geschehen und der Glaube an die Auferstehung wieder Boden gewinnen.

Durch Begegnung ereignet sich Auferstehung mitten im Leben. Diese Erfahrung macht auch offen dafür, dass der Tod nicht das letzte Wort hat, sondern der, der uns immer neu begegnet, Jesus Christus, er hat das Leben in sich; er ist stärker als der Tod und lebendiger als alles Sterben.

Ludwig Schick (2009)

Ostermontag. Osterspaziergang

In manchen Gegenden gibt es noch die Gewohnheit des Osterspazierganges. Sich zu zweit auf den Weg machen. Sich unterhalten über dies und das. Und über Wichtiges, Wesentliches. Über Tod und Auferstehung – wie die Jünger auf dem Weg nach Emmaus aus dem Lukas-Evangelium (Lk 24, 13-35) – also über das Hier und Jetzt. „Haben wir als Paar noch genug Nähe, die Wärme in unsere Beziehung bringt?" „Was ist eigentlich mit der Kleinen los? Sie ist in letzter Zeit so komisch geworden." „In letzter Zeit bin ich so niedergeschlagen. Hast du eine Erklärung dafür?" „Was mich richtig sauer macht, ist, dass du nicht Bescheid sagst, wenn du von der Arbeit später nach Hause kommst."

Ob wir es glauben oder nicht, das sind Gespräche über Tod und Auferstehung! Eigentlich geht es immer um Leben und Tod, wenn wir unser Leben betrachten. Es geht letztlich darum: Was in meinem Leben ist tot oder droht zu sterben? Und was oder wer kann mir helfen, dass das Tote wieder lebendig wird? Das sind die entscheidenden Fragen auf dem Weg nach Emmaus – heute. Oftmals scheuen wir solche Gespräche, weil sie von uns etwas verlangen: nämlich eine gewisse Distanz zu uns selbst. Nicht dass wir uns innerlich als vollständig und total okay empfinden würden, aber tatsächlich von unseren Ungereimtheiten zurückzutreten und uns kritisch zu hinterfragen bzw. hinterfragen zu lassen, das fordert doch einiges an Selbstüberwindung. Aber wirklich wahr: im Gehen – und dann noch in der Natur, vielleicht in einem Wald sogar, in dem viele Bäume dort viel länger stehen, als es uns möglich ist, zu leben – kann vieles geschehen. Die Relativität der eigenen Wichtigkeit zu erkennen hilft tatsächlich, gesprächsfähig zu werden.

Und dann: tief die frische Frühlingsluft einatmen, den Regen auf der Haut spüren, die Wärme der Hand meiner Partnerin fühlen, ein liebevolles Lächeln schenken, ein passender, humorvoller Kommentar, und schon feiern wir Ostern.

„Manchmal feiern wir mitten im Wort ein Fest der Auferstehung. Stunden werden eingeschmolzen und ein Glück ist da." (Alois Albrecht).[26] Ein tolles Lied zum Thema!

Andreas Heek (2015)

Fachbeiträge

Alter / Altern / Älterwerden

„Älterwerden ist nichts für Feiglinge.“ So oder ähnlich formulieren Ratgeber zum Altern.[27] Aber ist das auch so? Für viele Männer ist das Altern oft eine Herausforderung. Erhöhte Suizidraten und depressive Verstimmungen bei älteren Männern signalisieren: Der Verlust von Berufs- und Anerkennungsfeldern, das Aufbrechen von Sinnfragen, der Abbau körperlicher und geistiger Kräfte, Krankheiten, vermehrte Abschiede von liebgewordenen Menschen und manches andere kosten häufig Kraft und manchmal Lebensfreude. Vieles will im Altern bewältigt werden.

Dies gelingt leichter in einer wohlwollenden Umgebung. Das können Familie, Partner*in, Enkel sein. Vielleicht auch ausfüllende sinnstiftende Netzwerke, Tätigkeiten und Ehrenämter. Wichtig ist aber Selbstsorge; damit ist neben gesunder Lebensführung und Bewegung vor allem auch eine innere, sich selbst wohlwollende Haltung der Selbstfürsorge gemeint.

Ich habe hier immer wieder Männergruppen verschiedener Art als hilfreich und wohltuend erlebt. Ob als Gesprächskreis, Selbsthilfegruppe, Nachbarschaftshilfe, Seniorenkurs oder Ähnliches. „Wie geht es dir?“ Der offene und ehrliche Austausch von Erfahrungen, Stimmungen und Befindlichkeiten. Das Mit-teilen von Freude und Leid, von Belastungen und Gefühlen. Nicht immer eine Lösung wissen, aber sich mit dieser Unsicherheit nicht allein fühlen. Das ist für viele Männer ein Geschenk.

Aktiv bleiben, Unsicherheiten aushalten, sich anderen öffnen, das eigene Leben immer wieder „in die Hand nehmen“, für sich selbst und für andere sorgen – dafür ist es nie zu spät! Dies zeigen uns jedenfalls die Alternswissenschaften. Lernen und zufrieden leben, das geht bis ins hohe Lebensalter. Ja, die Lebenszufriedenheit nimmt oft mit dem Alter sogar zu. Viele Babyboomer haben deshalb heute einen „goldenen Herbst“ gewonnener Lebensjahre vor sich. Was dazu beiträgt? Sich von negativen Stereotypen und Bewertungen des Alters befreien können.

Literaturhinweis: Hammer 2017, Wahl 2017.
(Autor: Hans Prömper)

Arbeit

Erwerbsarbeit ist ein zentraler Punkt im Selbstbild von Jungen, Männern und Vätern. Mehr noch, sie gilt als *die* soziale Aufgabe des Mannes. Es geht oftmals um ein unbefristetes Vollzeit-Arbeitsverhältnis. So kann die Hauptverantwortung für das Haushaltseinkommen übernommen werden. Dieser Anforderung nicht gerecht zu werden, trifft Männer oft im Kern ihres „männlichen Selbstbildes“. Viele Männer haben sich lange Zeit nahezu ausschließlich über ihren Beruf definiert. Die „Kosten“ dieses Modells wurden lange ignoriert – gerade auch von den Männern selbst.

Doch die Entwicklungen in Wirtschaft und Gesellschaft – insbesondere der Wandel und die Umbrüche auf dem Arbeitsmarkt sowie die veränderten geschlechtlichen Rollen- und Wertevorstellungen – stellen den Einzelnen heute vor große Herausforderungen. Alte Muster verlieren an Bedeutung oder lassen sich zumindest nicht mehr ohne Weiteres realisieren. Um mit diesen Herausforderungen und Umbrüchen konstruktiv umgehen zu können, brauchen Jungen und Männer Ressourcen und Unterstützungsstrukturen.

Für die ökonomische Absicherung der Familie hauptsächlich zuständig zu sein, bedeutet für viele Männer große Verantwortung und Belastung und Privileg gleichermaßen – selbst für diejenigen, die den Anforderungen gerecht werden können. Diejenigen, die sich an diesem Ideal orientieren, deren Einkommen aber nicht ausreicht, um eine Familie zu ernähren, oder die aus anderen Gründen dieser Rolle nicht gerecht werden, erleben Verunsicherung und Abwertung.

Außerdem wird Lebensqualität heute von vielen ganzheitlicher definiert. Selbstsorge und Wohlbefinden gehören für ein gelingendes Leben dazu. Außerdem wird Arbeit heute nicht nur als Erwerbsarbeit definiert, sondern auch die Arbeit als Familien-, Haus- und Pflegearbeit sind in einem umfassenderen Arbeitsbegriff zu verorten.

Eine solidarische wohlfahrtsstaatliche Männerpolitik ist aufgefordert, Männer in Situationen beruflicher (Neu)Orientierung und Lebensplanung zu unterstützen, ihnen Strategien für ein Reflektieren des tradierten Rollenmodels der klassischen Erwerbsmännlichkeit anzubieten und sie zu stärken, alternative Lebensentwürfe entwickeln zu können.

Literaturhinweis: Bundesforum Männer 2015.
(Autor: Jürgen Döllmann)

Autonomie und Verbundenheit

Autonomie. Das war das Credo der neuzeitlichen, modernen Männer. Autonomie heißt: sein eigener Herr sein, seine Probleme selbst lösen, sein eigenes Ding machen, Erfolg haben, nicht untergehen, sich durchsetzen können, Frauen und Kinder beschützen, und vieles mehr.

In Verbindung mit der Berufsrolle des „Familienernährers" entwickelten Männer entsprechend einseitige Lebensorientierungen: arbeiten, sich in der Arbeit selbst verwirklichen, sich einsetzen und einer Sache dienen, sich einem Kollektiv einordnen, Großes leisten, Überdauerndes schaffen, einfach nur seinen Broterwerb sichern.

Einseitig war es. Denn die meisten Männer schnitten sich dadurch vielfach selbst ab von dem, was Leben ausmacht: Verbundenheit mit anderen, Austausch von Geben und Nehmen, Fürsorglichkeit, Lebendigkeit, Emotionalität, Achtsamkeit für sich selbst; auch von Kreativität, Resilienz, Dankbarkeit, Generativität, Sinnerleben, Gefühl für Lebenszeit und Weisheit. Frühsterblichkeit, Depression und eine erhöhte Suizidalität im Alter sind vielfach der Preis solchen Selbstverlustes. Frauen übernahmen umgekehrt das Feld des Sorgens, Pflegens, Kümmerns bis hin zur Kommunikation und dem Sorgen um das „seelische Wohl" in Beziehungen.

Auch wenn dies vielen überzogen, scherenschnittartig, einseitig erscheint: Diese Einseitigkeiten der Orientierung an Autonomie und Beruf prägen männliche Biografien bis heute. Doch dies ändert sich. Die klassischen Konzepte von Liebe, Fürsorge und Erholung geraten unter den Druck sozialer Beschleunigung. Handlungsverdichtung und Optimierung bei verschwimmenden Grenzen von Beruf und Leben. Burnout und andere Formen von Erschöpfung zeigen Grenzen körperlicher, psychischer und mentaler Belastbarkeiten.

Damit steigen zugleich die Sehnsüchte nach Verbundenheit mit anderen, nach Anerkennung jenseits von Erfolg und Leistung. Es gibt neue Energien, Kräfte und Erfahrungen von Gegenseitigkeit, Teilen und Resonanz. Dabei kann die Seele wachsen. Vielleicht zu ihrer eigentlichen Bestimmung? Offen werden für Schönheit, Zweckfreiheit, Staunen, Atmen und Wachsen. Das braucht Zeit und Geduld. Spazierengehen, Kultur, Musik, Gespräche und Interesse für andere – das kann alles helfen. Auch der Blick auf die eigene Freude und Dankbarkeit. Um-switchen von Missmut und Druck, von Leistung und Erfolg auf Dankbarkeit und Lebendigkeit, auf Freude und Präsenz in allem. Das wäre schon ein neues Programm für Männer.

Literaturhinweis: von Heesen 2019.
(Autor: Hans Prömper)

Burnout, Depression, Erschöpfung

Wenn der Akku leer ist. Erschöpfung, Müdigkeit, Leistungsabfall, Abstumpfung, Zynismus, Gleichgültigkeit … Es gibt viele Symptome, in denen uns der Körper ein „Stop" signalisiert, sein Funktionieren verweigert. Burnout ist eine moderne, unscharfe Breitband-Diagnose für vielfältige Formen des Leidens und des Krankseins, die schon im Wort als Folge einer pausenlosen Über-Arbeitung, eines Ausbrennens der beruflichen Leistungsfähigkeit wahrgenommen werden. Wurde diese Symptomatik früher vor allem in helfenden, pflegenden, heilenden Berufen als Folge zu hoher Identifikation und emotionaler Belastung mit Patienten, Kranken, Betreuten oder psychisch Anvertrauten bei gleichzeitiger mangelnder Abgrenzung gegenüber deren Leid gesehen, so kann es heute Menschen in fast allen Berufen treffen. Zunehmender Leistungsdruck, Beschleunigung der Kommunikation, Digitalisierung und kürzer werdende Produktzyklen, mangelnde Anerkennung und fehlende Bindung: Ein Burnout kann Menschen in allen Berufen und Lebenssituationen ereilen, in denen das Verhältnis von Arbeit und Erholung, Produktion und Gratifikation, Selbstverantwortung und Zielerreichung aus dem Gleichgewicht gerät.

Es ist meistens ein längerer, schleichender Prozess, dessen Anzeichen und Symptome oft nicht wahrgenommen, heruntergespielt oder übergangen werden. Viele Männer haben Angst, nicht mehr als „arbeits- und leistungsfähig“ zu gelten, den Anforderungen nicht zu genügen, gegenüber (oft selbstgesetzten oder verinnerlichten) Zielen zu versagen. Ob Alkohol, Nikotin, Drogen, Essen als Belohnung, Sex, Schmerzmittel, Schlafmittel, Antidepressiva, Psychopharmaka oder leistungssteigernde Medikamente: Die Palette möglicher „Gegenmittel“ ist groß, mit denen die Grenzen der (gesunden) Leistungsfähigkeit überschritten werden können.

Was tun?

- Symptome und „unbekannte“, verstörende Gefühle ernstnehmen: Lieber ein Gespräch, eine Beratung, ein Arztbesuch zu viel – als die eigene Gesundheit zu übergehen.
- Sich Zeit für Pausen, Erholung und Berufsfremdes gönnen, in Eigenzeiten und Selbstsorge investieren.
- Statt „Zähne zusammenbeißen und durch“ sich Schwächen zugestehen, die Dinge schon mal weniger perfekt tun und sich selbst mit Mitgefühl liebend begegnen.
- Sich immer wieder auch klar machen, dass es hier nicht um bloß individuelles Versagen und Leiden geht, sondern um eine gesellschaftliche Pathologie der „Arbeitskraftunternehmer“ in der Leistungsgesellschaft.

Literaturhinweis: Harrer 2013, Möller-Leimkühler 2018.
(Autor: Hans Prömper)

Fürsorgliche Männer (Caring Masculinities)

„Vom Wachstum zur Fürsorge?" Mit dem Strukturwandel der Erwerbsarbeit (Digitalisierung, Selbstverantwortung, Projektarbeit, Teilzeit, Nachhaltigkeit) und den Veränderungen in den Geschlechterverhältnissen (Erwerbstätigkeit von Frauen, partnerschaftliche Familienmodelle, Männer in Erziehung und Pflege) ändern sich vielfach Lebensorientierungen und Handlungsfelder der Geschlechter. Viele Männer integrieren heute Sorge für Andere (Care) in ihr Leben. Die steigende Langlebigkeit eröffnet vielen älteren Männern nachberufliche Räume für neue Sorge-Orientierungen. Dafür steht seit einigen Jahren der Begriff „Caring Masculinities" („Fürsorgliche Männlichkeiten").

Empirische Hinweise sind die wachsenden Anteile der Männer in den Bereichen Vätermonate, engagierte Teilzeitväter, Opa-Dienste, Männer in der Angehörigenpflege, Männer in Erziehungs- und Pflegeberufen. Diese neuen Praktiken von Männern gründen in Haltungen wie Offenheit für Gefühle und Kommunikation, wechselseitige Verbundenheit und gegenseitiges Angewiesensein, Annahme von Grenzen und Endlichkeit. Egalitär und fürsorglich orientierte Männer weiten ihren Blick des Sorgens – vom materiellen Sorgebeitrag des „Familienernährers" hin zu einer breiten Praxis der Lebenssorge. Caring Masculinities als Begriff umfasst Selbstsorge (inkl. Männergesundheit), materielle Sorge (Erwerb), Sorgen für Kinder und Angehörige (Partner, Eltern, Verwandte), Sorgen für Dritte (Freunde, Nachbarn) sowie das vielfältige Feld generativer Sorgebeiträge für die Mit- und Umwelt (Freiwilligenarbeit, bürgerschaftliches Engagement, Sorge für Natur und Umwelt). Dabei gründen von Caring/Sorgen getragene männliche Lernprozesse und Positionierungen in Erfahrungen wechselseitiger Verbundenheit und Anteilnahme, häufig auch in Grenzerfahrungen existentieller Angewiesenheit und Abhängigkeit.

Aktuelle, oft an Zahlen orientierte Debatten um „Equal Care", um Gleichheit und gleiche Anteile von Frauen und Männern in Kindererziehung und Hausarbeit, in Pflege und Sorgearbeit stehen hier in der Gefahr, diese grundlegenden Neuorientierungen in den Haltungen und Lebensorientierungen nicht mehr im Blick zu haben.

Es braucht aber beides. Fürsorglichkeit als Haltung, Fürsorglichkeit als gelebte Praxis. Gute, transformative Männerpolitik unterstützt beides.

Literaturhinweis: Scholz/Heilmann 2019, Dinges 2020.
(Autor: Hans Prömper)

Gesundheit

Gesundheit ist mehr als die Abwesenheit von Krankheit, es geht um physisches, psychisches und soziales Wohlbefinden, das sich aus einer Balance von Risiko- und Schutzfaktoren entwickelt. Sie liegt in individueller und partnerschaftlicher, aber auch in kollektiver Verantwortung und ist kein statisches Gebilde.

Schon seit längerem zeigt sich, dass sich Männer und Frauen in Bezug auf Gesundheit und Krankheit unterscheiden. Dies zeigt sich unter anderem in gesundheitsrelevanten Verhaltensweisen wie bei der Inanspruchnahme von Leistungen der Vorsorge sowie in der Bewertung von Symptomen und gesundheitlichen Beeinträchtigungen.

Gesundheit spielt oftmals für viele Männer eine untergeordnete Rolle. Der Körper wird als Werkzeug betrachtet. Männer missachten häufig körperliche Warnsignale, und der Gang zum Arzt wird als Eingeständnis von Schwäche gewertet und damit hinausgezögert oder ganz vermieden. Männer nehmen Gesundheitsrisiken in Kauf, um ihrer Rolle im Beruf und Privatleben gerecht zu werden. Ernste Erkrankungen werden daher häufig erst spät, nicht selten zu spät, festgestellt.

Trotz der unterschiedlichen Arbeits- und Lebensbedingungen von Männern wirkt insgesamt ein gesunder und achtsamer Lebens- und Verhaltensstil als Schutzfaktor. Dazu kommt das Eingeständnis der eigenen Schwäche und Vergänglichkeit. Wichtig ist auch die soziale Einbindung. Daher bedürfen Männer besonderer Ansprache und Präventionsmaßnahmen.

In letzter Zeit rückt insbesondere der Übergang in den Ruhestand in den Fokus: Um ihn bei guter Gesundheit und Lebensqualität zu verbringen, sollte bereits die Zeit vor dem Übergang zur Vorbereitung genutzt werden. Insbesondere Männer, die sich oft stark mit ihrer Berufstätigkeit identifizieren, sind gefordert, ein hohes Gesundheitspotenzial und gute soziale Bedingungen verantwortungsbewusst aufzubauen.

Link/Literaturhinweis: www.maennergesundheitsportal.de,
www.stiftung-maennergesundheit.de,
Pies 2021.

(Autor: Jürgen Döllmann)

Gewalt

Als Gewalt kann der Einsatz physischer oder mechanischer Kraft durch Menschen, der sich unmittelbar oder mittelbar gegen andere Personen richtet, verstanden werden. Gewalt existiert zwischen Menschen oder Menschengruppen, wechselseitig oder einseitig. Bei personaler Gewalt gehen wir von einer Schädigungsabsicht bzw. einer Inkaufnahme einer Schädigung des Gegenübers (der Person, der Personengruppe) aus. Die Grenzen zu psychischer Gewalt sind oft fließend, gerade aus Opfersicht.

Männer sind häufiger als Frauen Täter schwerer Gewalthandlungen. Allerdings finden sich, mit Ausnahme sexueller Gewalt, auch deutlich mehr Männer unter den Opfern von zwischenmenschlicher Gewalt als Frauen. Täter und Opfer sind in der Mehrzahl männlich. Wenn Gewalt auftritt, dann häufig im Kontext mit Männern, deren Lebenswelten und Männlichkeitsmustern.

Auf Grund der gesellschaftlichen Tabuisierung männlicher Verletzbarkeit haben viele Männer in ihrer geschlechtlichen Sozialisation nicht gelernt, Gefühle von Verletztheit, Hilflosigkeit und Angst wahrzunehmen und mitzuteilen. Damit können sie diese Gefühle nicht in ihr (männliches) Selbstbild integrieren. Jedoch erleben Männer in vielen Lebensbereichen genau diese Gefühle. Dies führt oft zu einem inneren emotionalen Konflikt, den sie zu lösen versuchen, indem sie ihr Erleben von Verletzung, Hilflosigkeit und Angst nach außen verschieben: Sie verletzen ihr Gegenüber, machen es hilflos und versetzen es in Angst. Solange gesellschaftlich im Sinne der traditionellen Geschlechterordnung bei Jungen und Mädchen unterschiedliche Rollen und Gefühle konnotiert, erwartet, eingeübt, belohnt oder anerkannt werden, haben viele Jungen und Männer das Problem, für ihre Verletzbarkeit und Verletztheit wenig Raum und Ausdrucksfähigkeit zu haben.

Daher braucht es eine gesellschaftliche Verantwortung, die Männern eine Unterstützung für die Neukonstruktion von Männlichkeiten anbietet. Eine ebenso geschlechtersensible wie geschlechtergerechte Politik, welche auf eine Erweiterung der Erlebensmöglichkeiten und Handlungsperspektiven von Männern zielt, muss eine Lockerung und Auflösung dieser Verknüpfung von Männlichkeit und Gewalt anstreben.

Link/Literaturhinweis: https://echte-männer-reden.de
(Autor: Jürgen Döllmann)

Heroismus und Mannesmut

Die Bergpredigt Jesu im Neuen Testament (Mt 5,1 ff.) lässt sich auch lesen als ein Appell vor allem an Männer, auf das Gewaltpotential in der zutiefst patriarchal grundierten Kultur des Altertums wenn nicht gänzlich zu verzichten, so doch es zu zähmen und einzuhegen. Wissend um die zerstörerischen Anteile von Männlichkeit seiner Zeit wollte Jesus – um Gottes und der Utopie seines Reiches willen –, dass der Mann sich auf seine friedfertigen Anteile in sich besinne.

Diese gedankliche und tatsächliche Abrüstung hat zu jeder Zeit ihre Aktualität nicht eingebüßt. Die Sanftmütigen (welch ein schönes deutsches Wort!) sind in der Regel auch die Glücklicheren. Die Gewalttätigen hingegen sind meistens diejenigen, die einen tiefen Lebensekel in sich tragen. Allein schon um des Seelenfriedens des Mannes willen lohnt es sich also für jeden Mann, Jesus in dieser Frage entschieden zu folgen.

So ist es auch nur folgerichtig, dass die christliche Religion keinen Helden-Mythos kennt. Jesus ist nicht als Held gestorben, sondern hat in seinem grausamen Kreuzestod, in dem manche Exegeten eine besonders grausame Form sexualisierter Gewalt sehen, die Position eines vulnerablen Opfers eingenommen, zu dem niemand aufschauen mag, schon gar kein „echter" Mann. Die Kreuzigung zeigt besonders drastisch, dass Unterwerfung und vollkommene Zerstörung der Männlichkeit Jesu das Ziel dieser besonderen Folter mit Todesfolge waren. Für eine Heldenerzählung taugt dies nicht. Aus diesem Grund hat die Kirche immer dann gut gehandelt, wenn sie jegliche Form der Heroisierung von Männlichkeit strikt abgelehnt hat.

Es gibt aber auch gute anthropologische Gründe, in Zeiten des Krieges keine Heldengeschichten zu konstruieren. Männer, die auch jetzt wieder im Krieg in der Ukraine zu Helden stilisiert werden, werden, genau betrachtet, auch nur brutal als „Menschenmaterial" ge- und leider auch „verbraucht". Und wenn sie das Glück haben, das angebliche „Feld der Ehre" lebend verlassen zu können, sind sie nicht selten körperlich versehrt und leiden oft lebenslang an posttraumatischen Belastungsstörungen. Männer, die eigentlich den Krieg nur überleben wollen, zu Helden zu erklären, wäre also ein grober Missbrauch ihres Mutes der Verzweiflung, dem zu gehorchen sie sich (oft nicht einmal freiwillig) schweren Herzens entschließen.

Andersherum werden Männer, die auch deshalb in den Krieg gegen einen Aggressor eintreten, weil dieser das Leben und die Freiheit ihrer Familien zu zerstören droht, als unverschämte Wiedergänger einer längst überholten Männlichkeit stigmatisiert. Die Logik entfesselter Gewalt ist aber folgende: Demjenigen Mann, der sich dem menschenverachtenden Morden nicht entgegenstellt, blüht trotzdem brutale Unterwerfung. Sich nicht zu wehren, garantiert ihm nicht die Unversehrtheit seiner selbst und der noch Vulnerableren, der Mütter und ihrer schutzbedürftigen Kinder. Im Gegenteil! Ergäben sie sich, liefen sie noch größere Gefahr, von ihren Geschlechtsgenossen verachtet und dann getötet zu werden. (Jeder Junge, der brutale, sadistische Schläger auf Schulhöfen erlebt hat, kennt diese Logik: „Wehrst du dich nicht, mach ich dich erst recht fertig.") Wer dazu sagt: „Da sieht man mal wieder, wohin toxische Männlichkeit führt!“, dem kann erwidert werden: „Leider – aber willkommen in der Wirklichkeit!“

Literaturhinweis: Kügler 2021, Theweleit 2020.
(Autor: Andreas Heek)

Homosexuelle Liebe

Für die katholische Kirche gibt es bisher keine lehramtliche Sprache für die Tatsache schwul-lesbischer Partnerschaften. Sie kennt in ihrem Lehramt nur homosexuelles *Verhalten* und das auch nur in männlicher Form. Geschichtlich lässt sich das plausibilisieren. In der hellenistischen Kultur, von der die Theologie viel in ihr Denksystem aufgenommen hat, galt Sexualität auch als Machtdemonstration. Wer penetriert, ist ein „echter Mann“, wer penetriert wird, ist entweder eine Frau oder wird zur Frau gemacht. Sexualität als Unterwerfungsmittel galt nicht nur Frauen, sondern diente auch der Selbstvergewisserung eines mächtigen Mannes. Dieser Machtanspruch konnte sich auch auf andere Männer erstrecken.

Die Kirche wollte solches Machtgebaren einhegen. Jesus selbst hatte ein anderes, nicht männlich-*hegemoniales* Menschenbild. Frauen begegnete er beispielsweise stets respektvoll und auf Augenhöhe, anders als viele seiner Zeitgenossen. Das Ansinnen flacher Hierarchien wurde in den frühen Gemeinden praktiziert. Homosexuelle Machtdemonstration war für den „neuen Weg“ nicht passend. Auch deshalb wurde homosexuelles Verhalten abgelehnt.

Was die Antike hingegen nicht oder nur rudimentär kannte, waren homosexuelle Liebesbeziehungen. Dafür gab es weder Sprache noch Kultur. Die christliche Anthropologie gründet zudem in einem Stammesdenken, das Nachkommenschaft als Sicherung und Ausdehnung von Macht ansah. In dieser Kultur hatten homosexuelle Beziehungen schlicht keine Funktion.

Plausibel ist es deshalb schon, warum die katholische Kirche homosexuelles Verhalten ablehnt, wenn man die Geschichte dieser

Ablehnung kennt. Dennoch muss diese Haltung in heutiger Zeit als entwicklungsbedürftig bezeichnet werden. Gerade weil die derzeitige Kultur immer noch Homophobie kennt, oftmals von Männern ausgehend.

In der Breite des gesellschaftlichen und kirchlichen Diskurses ist Konsens, dass homosexuell zu lieben weder unmännlich noch unmoralisch, sondern einfach eine Variante zwischenmenschlicher Beziehungsgestaltung ist, die im sexuellen Ausdruck eine besondere Form des Vertrautseins mit dem anderen findet. Angesichts der Überbevölkerung der Erde kann das Argument nicht mehr gelten, homosexuelle Menschen in ihren Beziehungen seien unfähig, aus sich heraus Nachkommenschaft zu zeugen, weshalb die Arterhaltung gefährdet sei. Das Argument, homosexuelle Menschen seien zu personaler Liebe nicht fähig, ist zwar auch immer noch kirchliche Lehre. Beide Punkte sind aber durch empirische Tatsachen widerlegt, und somit finden sie auch in der breiten Öffentlichkeit überwiegend keine Zustimmung mehr.

Heterosexuelle Männer spielen für die Akzeptanz homosexueller Geschlechtsgenossen eine wichtige Rolle. Sie können sich solidarisch mit ihnen erklären und ihre immer noch verletzliche Lebensform schützen. Durch demonstrative Solidarität schaffen sie *safe spaces*, was angesichts von Schwulenfeindlichkeit in vielen Ländern der Erde eine wichtige Geste ist. Es spricht vieles dafür, dass sie im Sinne Jesu von Nazareth handeln.

Literaturhinweis: Brinkschröder u. a. 2022, Goertz 2015, Martin 2018.
(Autor: Andreas Heek)

Machtmissbrauch und sexualisierte Gewalt

Die morgenländische, nicht minder allerdings auch die abendländische Geschichte der Herrschaft ist eine männliche. Von wenigen Ausnahmen abgesehen, hatten stets Männer an den entscheidenden Stellen das Sagen, oft unter Einsatz von physischer Gewalt. Da, wo diese Macht unkontrolliert ausgeübt werden konnte, wurde sie auch tatsächlich vielfach missbraucht, was unmittelbar zur Folge hatte, dass schwächere, machtlose Menschen, Frauen wie Männer, unterdrückt und verletzt wurden.

Während das Königtum Israels noch direkt unter dem Normativitätsanspruch des Königtums Gottes stand und zwischen den beiden Instanzen zumindest die Prophetie als „Kontrollinstanz" gesetzt war, hat sich diese Kultur innerhalb der katholischen Kirche nicht erhalten. Hier kam es zu einer unguten Verschmelzung weltlicher und geistlicher Macht nach der Konstantinischen Wende, deren Auswirkungen bis heute zu spüren sind. Zwar gibt es in der Regel eine strikte Trennung zwischen Kirche und Staat, so dass die Kirche keine weltliche Herrschaft mehr ausübt. Geblieben ist hingegen der absolutistische Herrschaftsanspruch auf die Seelen der Menschen. Das kirchliche Lehramt maßt sich bis heute das Regieren der menschlichen Seele bis in die privateste Sphäre an.

Männliche Sexualität diente dabei oftmals als ein probates Mittel für die Herrschaftsausübung. Dazu gehörte die Auffassung, dass die Frau nicht nur das schwache Geschlecht, sondern darüber hinaus auch als der passive, empfangende Teil des Sexualaktes gesehen wurde. Der Mann konnte der Frau gegenüber so Überlegenheit zum Ausdruck bringen. Sexualität war also neben der Generierung von Nachkommenschaft weniger Ausdruck von Liebe und Zuneigung, wie sie sich erst im Zeitalter der Romantik herausbilden konnte, sondern Mittel zum Zweck der Unterwerfung, einerseits der Frau, andererseits aller anderen, die dann „zur Frau gemacht wurden", wenn sie mann-männlich penetriert wurden. Unterwerfung war dann das Ziel praktizierter Sexualität.

Zwar ist dieses Bild männlicher Sexualität im Zuge von Aufklärung und Emanzipationsbewegung der Frauen weitestgehend dekonstruiert worden, aber spätestens der Missbrauchsskandal in der katholischen Kirche hat gezeigt, dass solche Dynamiken weiter fortbestehen. Die Ohnmacht eigener Männlichkeit, möglicherweise getriggert durch ein ungesundes Verleugnen sexueller Wünsche und Sehnsüchte durch den Zölibat, machte und macht vielfach sexualisierte Gewalt erst möglich.

Sexualität als Mittel der Unterwerfung wird zwar vielfach in Männerkreisen unter Berufung auf die doch ach so weit vorangeschrittene Dekonstruktionen „toxischer Männlichkeiten" als weitgehend überwunden behauptet. Dennoch steht es männlicher Selbstreflexion gut an, sich dieser Herkunft stets bewusst zu sein, wenn Macht ausgeübt wird.

Nicht Macht an sich ist das Problem, sondern unkontrollierte Macht, Alleinherrschaft, Allzuständigkeit. Religiös liegt dann leicht der ungute Anspruch des Priester-Mannes auf alleinige „Heilsmittlerschaft" zwischen Himmel und Erde nahe. Dagegen steht kurz gefasst die hier auf soziale Verhältnisse übertragbare medizinische Einsicht: Die Dosis macht das Gift.

Literaturhinweis: Kügler 2021, Reményi/Schärtl 2019.
(Autor: Andreas Heek)

Männergruppe(n)

Offen, authentisch, zugewandt, akzeptierend … Viele Männer suchen und brauchen solche Räume der Kommunikation und Anerkennung. Und es gibt vermutlich mehr solcher Gruppen und Gelegenheiten zwischen Männern, als diese öffentlich kommuniziert werden. Das Bedürfnis nach einem unverstellten, bedingungslosen Austausch „unter Brüdern auf Augenhöhe" schlummert zwar in vielen Männern, aber es ist umstellt von Klischees und oft von merkwürdigen Gefühlen und Vorurteilen wie: „Ein richtiger Mann hat keine Probleme, er löst sie." „Da gehen nur Weicheiner hin, die so etwas nötig haben." „Da muss ich doch über mich reden – und das kann ich nicht."

Nur Mut, Männer! „Ich dachte immer, es geht nur mir so." Für viele ist es überraschend und erleichternd, wie schnell und offen sie in einen Austausch unter meist fremden Männern kommen. Ich erlebe das immer wieder an Wochenenden, in Seminaren, Workshops und Gruppen nur mit Männern. Wenn eine Rahmung von Vertraulichkeit und Akzeptanz gelingt, können auch schmerzhafte

Erfahrungen, Verletzungen, Unsicherheiten, Ängste, oft auch Ausweglosigkeiten oder Scheitern zur Sprache kommen. Da geht es dann nicht um „Ratschläge", „optimale Lösungen" oder „strategische Lebensentscheidungen" und „Visionen", sondern um einfache Haltungen wie zuhören; mich meinem Inneren stellen; spüren, wie es mir und anderen geht; Unterschiede aushalten und wertschätzen; eigene Anteile und Erfahrungen einbringen; Leid und Freude, Hoffnungen und Sehnsüchte, Konflikte und Belastungen einfach miteinander tragen und teilen, damit nicht allein sein.

Solche offenen Gespräche und Situationen entwickeln häufig eine ganz eigene Kraft, Lebendigkeit und Fürsorglichkeit unter Männern.

In vielen meiner Gruppen und Seminare arbeite ich mit dieser Struktur:

1. Eigener Gruppenraum, Stuhlkreis – kein Alkohol oder Nikotin,
2. Ankommen/bewusstes Schweigen zu Beginn,
3. Befindlichkeitsrunde (wie geht es mir? Habe ich ein Thema? Worüber würde ich gerne sprechen?),
4. Klären von Themen und Personen, die dieses einbringen,
5. „Fallgespräche",
6. Schlussrunde (Wie war's? Was nehme ich mit? …).

Ein wichtiger Hinweis: Themen – das sind nicht Debatten oder Diskurse „über Männer" in Büchern, Tagesthemen, Zeitungsnews oder sonstigen Medien, sondern das sind die Lebensthemen, mit denen sich die beteiligten Männer gerade herumschlagen, an denen sie „knabbern", die sie belasten oder wo sie einmal etwas Neues probieren möchten. Persönlicher Wandel, Entwicklung, Lachen und mehr Lebensfreude … sind nicht ausgeschlossen.

Literaturhinweis: Prömper 2016.
(Autor: Hans Prömper)

Männlichkeit(en) / Mannsein

„Wann ist der Mann ein Mann?" Diese alte Frage aus dem Lied von Herbert Grönemeyer treibt viele Männer um. Immer noch. Und oft zu ihrem eigenen Schaden. Denn was steckt hinter dieser Frage nach Mann und Männlichkeit?

Gerne schrieb man(n) früher allen Männern etwas Gemeinsames zu: einen männlichen „Geschlechtscharakter", ein (tiefen-)psychologisches „Wesen des Mannes", eine „archetypische" Ausprägung männlicher Grundmuster wie „Held", „Vater" oder „Liebhaber". Diese Attribuierungen beschrieben und beschreiben Bilder und Normen eines gesellschaftlich anerkannten und geachteten Typs von Mann, in der Regel unhinterfragt: Wie Männer sein sollen. Was sie leisten sollen. Was von ihnen erwartet werden kann. In den Sozialwissenschaften geht es heute dagegen um den Plural: Um verschiedene Männlichkeiten als mögliche Positionen in Geschlechterverhältnissen, als hegemoniale, untergeordnete oder marginalisierte Männlichkeiten auch in Bezug zu Frauen, zu anderen Männern und Lebensweisen. Es geht um Leitvorstellungen, Bilder, Normierungen, Richtwerte dessen, was von „richtigen" Männern erwartet werden kann. Auch wenn diese Bilder des „Richtigen" vielfach unbestimmt bleiben, oder auch „je nach Situation und Umgebung" verschiedene Facetten und Aspekte betonen können, so sind sie doch für viele Jungen und Männer fatal.

Denn: „Männlichkeit" ist nichts Angeborenes, Sicheres oder Festes, sondern etwas, das zugeschrieben, wahrgenommen, aberkannt oder als fehlend erlebt werden kann. Sicher gibt es auch einzelne Männer, die sich selbstbewusst oder im Kontext ihrer Gruppe von solchen herrschenden Zumutungen abgrenzen. Auch weil sie die mit Männern vielfach immer noch verknüpften gesellschaftlichen Privilegien und Machtpositionen ablehnen.

Aber diese alten Bilder wirken leider immer noch. Und oft zum Schaden der betroffenen Männer und Jungen, Frauen und Mädchen. Stärke demonstrieren, keine Schwächen zeigen, Unterlegenheit vermeiden, Autonomie bewahren, Gefühle missachten, Gesundheit übergehen, Schweigen, einsam bleiben … Aus Angst und Scham, in Situationen von Unsicherheit und Krisen gerade als „unmännlich" dazustehen (eben nicht „ihren Mann zu stehen"), greifen viele Jungen und Männer meist unbeabsichtigt und unbewusst auf solche Bilder einer sicheren, überlegenen Männlichkeit zurück. Dadurch werden die Probleme und Konflikte aber gerade nicht gelöst, sondern eher verschlimmert.

„Echte Männer reden" – dieser Slogan aus der Beratungsarbeit mit Männern sollte demgegenüber motivieren zu verstehen: Sich Hilfe holen, Rat suchen, über sich sprechen, das ist heute eine mögliche Stärke von Männern. Auch im späteren Leben.

Literaturhinweis: Böhnisch 2013, Martschukat/Stieglitz 2018, von Hessen 2022.
(Autor: Hans Prömper)

Querdenker

Querdenken galt einmal als „Adelstitel" für unkonventionelle Menschen. Es galt als Privileg kreativer Menschen, die außerhalb der ausgetretenen Wege neue Perspektiven erdenken und ausprobieren. Das *Silicon Valley*, so wird immer wieder kolportiert, gäbe es nicht ohne solche Querdenker. Neues, Besseres gibt es nicht ohne Innovation, ohne den Einfallsreichtum kreativer Köpfe.

Auch in kirchlichen Kreisen galt querdenken einmal als Tugend derer, die die Kirche erneuern und auch theologisch neue Wege gehen wollten. Gerade in Institutionen, die auf eine lange Geschichte und ritualisierte Formen der Gemeinschaftsbildung verfügen, drohen zu erstarren und weltfremd zu werden ohne die Fähigkeit zur Reform: *ecclesia semper reformanda est* – Kirche als sich stets reformierende – institutionelles Querdenken inklusive.

Doch das Image des Querdenkers in Zeiten von *Social Media* hat sich gewandelt. Schlecht informiert, aber extrem meinungsstark positionieren sich Menschen mitunter vor allem *gegen* etwas, das in der Gesellschaft ihrer Meinung nach falsch läuft. Einher damit gehen die Verarbeitung von Gerüchten und Halbwahrheiten zu Verschwörungstheorien, bei denen vor allem geheimnisvolle Mächte wirken sollen. Das Böse getarnt in Harmlosigkeit wolle verfolgen und zerstören, so die Verschwörungstheoretiker. Anfällig für solche

Tendenzen, die oft verbunden sind mit allen möglichen Formen von Aberglauben, sind Frauen wie Männer gleichermaßen.

Gefährlich wird es für Männer und die Gesellschaft dann, wenn zur Bereitschaft, Verschwörungen überall zu (t)wittern, die Bereitschaft hinzutritt, sich mit Gewalt diesen vermeintlichen bösen Mächten entgegenzustellen. Wenn demokratische Institutionen als legitime Ziele von Gewalt angesehen werden, allein weil sie ihnen verdächtig sind. Wenn Rechthaberei auf eine latent aggressive Persönlichkeitsstruktur trifft. Die soziologische Forschung weiß, dass Männer eher zu physischer Gewalt neigen als Frauen. Die Gefängnisse sind zu über neunzig Prozent mit Männern belegt.

Was tun?

1. Männern mit einem eher rigiden Meinungsspektrum, in dem es tendenziell zwei Farben gibt, nämlich schwarz und weiß, die aber beziehungsmäßig erreichbar sind, sollten profunde Diskussionen angeboten werden, wie es einer diskursiven Gesellschaft gut ansteht. Der Austausch von Argumenten, Fakten-Checks und ernsthaftes Eingehen auf die Argumente des anderen sind dafür unabdingbar. Denn oftmals steckt ja tatsächlich in jedem Gerücht, jedem Verschwörungsgedanken auch ein Körnchen Wahrheit. Sich Auseinandersetzungen nicht zu stellen, also die Tendenz zur Konfliktvermeidung, wäre aber nicht nur feige, sondern treibt Querdenker dann in populistisch-politische Kreise.
2. Männer, die in den Meinungsblasen der Populisten vollständig angekommen sind, sind in der Regel nicht mehr durch ein besseres, gut informiertes Argument erreichbar. Wenn sie dazu noch gewaltbereit sind, müssen ihnen die Grenzen aufgezeigt werden. Dort, wo Menschenleben bedroht werden, muss eine Gegengewalt aufgebaut werden. Es geht um die Zivilisierung der Aggression im gesellschaftlichen Diskurs. Die psychisch-physische Grenze des Anderen ist auch die Grenze der Freiheit.

Literaturhinweis: Rosenberg 2016.
(Autor: Andreas Heek)

Selbstoptimierung

Höher, weiter, besser – und dabei am besten noch immer mehr ich selbst und leistungsfähig. Der Hang zum Messen und zur ständigen Verbesserung unserer selbst ist ein Trend unserer Zeit. Selbstoptimierung hat vielfältige Facetten: digitale Tracking-Uhren und Schrittzähler, Blutdruck- und Pulsmesser zum Beispiel. Viele Geräte und Helfer begleiten unser Leben. Sie wollen und sollen helfen, uns besser zu machen: gesünder, leistungsfähiger, kommunikativer, attraktiver, *up to date*. Immer auf dem optimalen Stand. Weiter umstellt uns ein ganzer Markt von Ratgebern zu Diäten, Lebenshilfe, Coaching, Zeit- und Selbstmanagement oder Motivationstraining. Und bei alledem heißt es: „Bleib gesund!"

Soziologen und Psychologen weisen uns auf die Kehrseite dieses Megatrends der ständigen Verbesserung unseres Selbst hin. Wenn alles anders und besser sein könnte – vor allem: wenn ich dies alles selbst „in der Hand" habe –, dann führt dies fast schon notwendig zu einem permanenten Druck des „zu wenig", zu einem Schuldgefühl des „nicht genug", zu einer Selbstzuschreibung des „Versagens". Nur nicht stehen bleiben! Sei besser! Mach was aus deinem Leben!

Davon betroffen und gefährdet sind vor allem Menschen in Berufen und Positionen mit hoher Selbstverantwortung, kurzen Produktzyklen, mit Möglichkeiten und Notwendigkeiten des Verfolgens eigener Ziele und eigener Zeiteinteilung. Für die gesundheitlichen und sozialen Gefährdungen stehen Begriffe wie Hetze, Zeitdruck oder Burnout. Als besonders gefährdet gelten Menschen mit mangelndem Selbstvertrauen, mit mangelnden Erfahrungen von Liebe und Anerkennung in Kindheit und Jugend, mit fehlender Unterstützung und Ausgleich in Partnerschaft und nichtberuflicher Lebensführung.

„Mach mal halblang": Die Einübung der Kunst, sich der ständigen Selbstoptimierung zu entziehen, wird für viele zur Überlebensnotwendigkeit und Gesundheitsfrage.

Literaturhinweis: King/Gerisch/Rosa 2021, Neckel/Wagner 2013.
(Autor: Hans Prömper)

Sexualität

Einer der grundlegenden Antriebe des Menschen zur Selbsterhaltung neben Hunger und Durst ist seine Sexualität. Sie gehört zu seiner Grundausstattung. Sexualität ist die Kraft, die in Beziehung gehen lässt. Sexualität ist aber nicht gleich Geschlechtsverkehr. Letzterer ist sozusagen die „finale" Erfüllung einer Liebesbeziehung, die aber nicht immer den Gipfel einer Beziehungsgestaltung darstellt. Vielleicht lässt sich sogar verallgemeinern, dass alle Beziehungen, die auf gegenseitiger Sympathie beruhen, zumindest zu einem kleinen Teil mit erotischer Attraktion zu tun haben.

Die alten Schablonen, die männliche von weiblicher Sexualität kategorisch unterscheiden, bei denen der Mann der aktive Teil sei und die Frau der passive, können nicht mehr für alle geltend gemacht werden. Auch dass Männer einen stärkeren Sexualtrieb hätten als Frauen, diese These kann generell ebenfalls nicht mehr gelten. Da die traditionellen Geschlechterrollen insgesamt verschwimmen, kann das Mann-Frau-Schema im Sinne von aktiv-passiv insgesamt nicht mehr tragen.

Was leider allerdings immer noch zu einem überkommenen Schema gehört, ist die Tatsache, dass sexualisierte Gewalt überwiegend männlich ist. Dies liegt wohl an der meist körperlichen Überlegenheit des Mannes gegenüber der Frau und daran, dass in gewalttätiger Sexualität oft psychisch labile Männer ihre Unterwerfungsphantasien ausleben, ein schmutziges Überbleibsel eines archaisch-männlichen Selbstverständnisses.

Schon lange ist Sexualität nicht mehr das Privileg verheirateter Ehepaare. Auch Heterosexualität ist nicht mehr die Norm. Diese Tatsachen ermöglichen einerseits große Freiheiten in der sexuellen Beziehungsgestaltung. Andererseits werden möglicherweise dadurch die anderen Elemente, die zu einer gelungenen Beziehung gehören, vernachlässigt: Kommunikation, gemeinsame Interessen, Milieuähnlichkeit oder der Reiz charakterlicher Gegensätze. Manchmal ist es ein Missverständnis, dass guter Sex auch schon eine gute Beziehung bedeutet. Nicht wenige trennen diese

Bereiche auch vollständig. Die „beste Freundin“ ist zum Reden über Allerpersönlichstes da, für guten Sex vielleicht eine Partnerin, mit der man ansonsten nicht viel gemeinsam hat. Für den Wunsch nach eigenen Kindern wählt man vielleicht das Modell des *co-parenting:* Die Kinder hat und erzieht man gemeinsam, ansonsten hat jede/r sein/ihr eigenes Leben. Und dann gibt es noch das hochanspruchsvolle Modell der Polyamorie, bei dem jeder Partner, jede Partnerin mehrere Liebesbeziehungen gleichzeitig unterhält; einzige Bedingung: größtmögliche Transparenz über die anderen Liebesbeziehungen.

Über die Normen für eine Ethik von Sexualität entscheidet längst nicht mehr die katholische Ehe- und Sexualmoral. Vielmehr kann lediglich die allgemeinverbindliche Norm gelten, nach der sexuelle Beziehungen gewaltfrei, freiwillig und im Respekt gegenüber der Person des Gegenübers gestaltet wird. Dies ist kein geringer Anspruch.

Literaturhinweis: Farley 2014.
(Autor: Andreas Heek)

Spiritualität

Nichts für Männer – das gilt gemeinhin für Religion und Spiritualität. Männer erscheinen „bodenständig“ oder „religiös unmusikalisch“, jedoch selten gläubig oder spirituell.

Neuere religionssoziologische Studien zeigen dennoch keine völlige Religionsarmut bei Männern. Es ist nicht so: Frau = religiös, Mann = areligiös. Die Männer haben sich historisch nur früher und stärker als Frauen der Ansprache der Kirche verweigert. Viele sehen sich religiös, aber nicht „kirchlich religiös“. Letzteres meint: Wie sie es im Kindergarten, im Religionsunterricht, in der Vorbereitung auf Kommunion, Konfirmation und Firmung, in der Begleitung von Ehe und Familie erfahren haben. Sie haben hier vieles als Bevormundung, als moralische Keule, oft „am Leben vorbei“ erlebt. Ihre eigenen Gedanken und Erfahrungen waren nicht gefragt. Kirchliche, gemeindliche Angebote werden oft als lebensfremd und „für Männer unpassend“ wahrgenommen. Die Konsequenz: Wenn schon nicht auf Augenhöhe mit den Repräsentanten der Kirche, dann lieber allein. Auch spirituell allein. Die aktuellen Skandale um Geld, Macht und Missbrauch in der Kirche verstärken diese Distanz und Abwendung von kirchlicher Religiosität.

Aber: Sehnsüchte nach Annahme und Ganzheit, überwältigende Gefühle, Erfahrungen von Ergriffenheit und Hingabe, die emotionale Auslieferung an eine Sache, das völlige Aufgehen in einer Tätigkeit, einer „Berufung“ nachgehen – das kennen Männer. Was wären Fußball, Filme und Musik ohne Gefühle? Was wären Arbeit, Hobby und Engagement ohne die Hingabe des Selbst an eine Sache? Wenig. Jedenfalls nur wenig von dem, zu was sie Männer bringen können. Viele große Filme sind große Inszenierungen „religiöser Dramen“.

Die Institution Kirche jedoch ist nicht mehr resonanzfähig für die Konflikte, Sehnsüchte, vor allem für die Sprache und Gefühle der Menschen von heute. Dabei sind die existentiellen Themen der Religionen auch nach wie vor die Themen der Männer: Sinn, Kosmos, Tod, Segen, Heil, Hingabe, Abschied, Neubeginn, Trauer, Verzweiflung, Erlösung, Unrecht und Gewalt, Liebe, Heimat, Verantwortung ...

Das Problem ist nur: Die Sprache der Tradition und Kirche läuft ins Leere. Die „Wahrheit“ des Glaubens und die Tragfähigkeit einer spirituellen Haltung gegenüber dem Leben verbürgen nicht mehr die Autorität einer Institution oder die Bindung an eine Gemeinschaft wie die Volkskirche. Es zählt die individuelle Authentizität der Erfahrung. Für mich selbst muss es stimmen. Die Suche nach spirituellen Antworten und Gewissheiten geschieht individuell, eigenwillig und selbstinitiiert – wie das Pilgern, das immer mehr Menschen anzieht, auch Männer.

Literaturhinweis: St. Jakobusbruderschaft Trier 2017,
Hervieu-Léger 2004.
(Autor: Hans Prömper)

Sind Transmänner echte Männer?

Linus Giese hieß nicht immer so, zumindest nicht mit Vornamen. Er ist als Mädchen geboren und hat im Erwachsenenalter eine Transition vollzogen, d. h. er hat durch Hormoneinnahme und geschlechtsangleichende Operationen seinen Körper an sein innerlich wahrgenommenes Geschlecht angepasst. Giese ist mit dem Ergebnis hinreichend zufrieden. Mit den gesellschaftlichen Reaktionen auf seine Transition aber weniger. Denn dort erfährt er bis heute Unverständnis und Diskriminierung. Stellt man die Frage, ob Linus Giese ein „echter Mann" ist, könnte mit guten Gründen zurückgefragt werden, was das eigentlich ist, ein „echter" Mann. Seine *körperlichen Merkmale* allein machen ihn genauso wenig zum Mann wie die Frage, welche *Eigenschaften* ein Mann haben muss, um sich als solcher bezeichnen zu können. Weder die biologisch-genetische Tatsachen noch die sozialen, und d. h. veränderbaren Geschlechterbilder verhelfen zu einer eindeutigen Antwort.

Wird hingegen die katholische Anthropologie befragt, scheint die Antwort auf den ersten Blick klar. Ein Mann ist ein Mann, wenn die körperliche Erscheinungsform bei der Geburt der männlichen entspricht: Penis und Hoden gelten als hinreichende Kategorien. Da diese Merkmale „von Gott geschaffen" seien, dürfe daran nichts verändert werden. Fühlt die entsprechende Person hingegen eine Frau in sich, ist diese Anthropologie mit manchen Psychologen einig, dass es sich dabei um eine so genannte Geschlechtsdysphorie handelt, also eine psychische Anomalie, die manchmal „heilbar" sei, und wenn nicht, müsse sie als eine Störung der Geschlechtsidentität wahrgenommen werden.

Nun ist das so eine Sache mit den Definitionen von psychischen Erkrankungen. Homosexualität galt in der Psychologie auch lange als Krankheit und wurde lange Zeit sogar als Verbrechen behandelt. Heute ist sich die gesamte Humanwissenschaft einig, dass diese Annahme überholt ist.

Und dann gibt es ja auch noch ein anderes, in der Schöpfungserzählung ebenfalls unerwähntes Phänomen, nämlich die Intergeschlechtlichkeit. Es gibt eine bestimmte Anzahl von Menschen, die genetisch und biologisch nicht einem der beiden polaren Geschlechter „männlich" oder „weiblich" zuzuordnen sind. Sie bewegen sich auf einer Skala zwischen männlich und weiblich. Sie können sich seit einigen Jahren im Geburtsregister beim Standesamt als „divers" eintragen lassen.

Nur im katholischen Raum ist dies (noch) nicht möglich. Die katholische Kirche bezieht ihre Argumente auf eine naive Lesart der Bibel und ist wenig geneigt, sich den Phänomenen empathisch-freundlich zuzuwenden. Sie sucht vielmehr eine Lösung darin, intergeschlechtliche Kinder möglicherweise operativ in die eine oder andere Richtung zu vereindeutigen. Während also Operationen bei Transgeschlechtlichkeit strikt abgelehnt werden, werden sie bei Intergeschlechtlichkeit mitunter empfohlen, um zur „richtigen" Geschlechtlichkeit zu gelangen. Um aber der ambigen, also der Vieldeutigkeit der Phänomene der Schöpfung näher zu kommen, ist vielleicht die schlichte Lösung: die Vielfalt der Schöpfung als solche einfach anzuerkennen.

Da die christliche Anthropologie immer betont hat, dass der Mensch nicht allein bleiben solle (vgl. Gen 2,18), sollte die Gruppe der Männer diejenigen in ihre Reihen aufnehmen, die sich als Männer bezeichnen oder in diese Richtung tendieren. Ohne die Hilfe einer solidarischen Gruppe die Härten des Lebens bewältigen zu müssen, ist hingegen eine recht inhumane Option.

Literaturhinweis: Giese 2020, Schreiber 2019.
(Autor: Andreas Heek)

Väter 4.0

Die „Geschichte der Väterlichkeit" muss sicher erst noch geschrieben werden. Ungefähr kann diese Geschichte etwas holzschnittartig aber wohl in vier Phasen eingeteilt werden.

In der vorindustriellen Zeit arbeitete die ganze Familie in der Landwirtschaft. Frauen und Männer trugen zu relativ gleichen Teilen zum Einkommen der Familie bei. Lediglich die schwerste körperliche Arbeit war den Männern zugeordnet. Väter waren somit ebenso präsent im Familienleben wie Mütter. Allein die konkreten Aufgaben im Stall oder auf dem Feld trennten die Familienmitglieder für relativ kurze Zeit voneinander.

Im industriellen Zeitalter begann die Entfremdung zwischen Vätern und Kindern durch die industrielle Revolution. Der „Vater 2.0" trat auf den Plan. Die Väter gingen zur Arbeit in die Fabrik, manchmal zwei Schichten pro Tag, die Mütter kümmerten sich zu Hause um die Kinder und waren eher selten berufstätig, auch weil der Mann die längste Zeit des Tages abwesend war und die Kinder betreut werden mussten.

Gemeinsam war beiden Zeitaltern ein ausgeprägtes patriarchales Grundmuster: Die Männer hatten weitestgehend das Sagen und verwalteten die Einkünfte der Familie. Das Gewaltmonopol übte meistens der Mann aus – über Frau und Kinder.

Der „Vater 3.0" zeichnete sich in der Folge der emanzipatorischen Revolution der 60er-Jahre des letzten Jahrhunderts durch die Frauenbewegung ab. Ein Epochenwandel! Mit der Möglichkeit von autonomer Geburtenkontrolle der Frau durch die „Pille" und der „Eroberung" der Arbeitswelt erlangten Frauen zunehmend eine Selbstständigkeit, die sie auch monetär zunehmend unabhängig von ihren Männern machte. Die Dekonstruktion von Herrschaftsansprüchen des Mannes über die Frau forderte Männer heraus, sich selbst als Mann und ganz besonders als Vater neu zu erfinden. Bekenntnisse dazu, mehr aktive Vaterschaft ausüben zu wollen, gab es zunehmend; allein, es folgten nur zaghaft Taten. Diese Phase dauert bis heute an.

Diese Bewegung wird aber durch eine verstärkte Bewegung zu „neuer Väterlichkeit" zunehmend überlagert, in der spätestens die Millennials herausgefordert werden: die „Väter 4.0". Nicht nur sind sie gefordert, ihren Beitrag zum Familieneinkommen zu leisten, sie sollen und wollen sich nun paritätisch an der Erziehung der Kinder beteiligen. Aushandlungsprozesse sind dazu in Familien vonnöten, damit eine Balance zwischen Familien- und Erwerbsarbeit für beide Elternteile erreicht werden kann. Die politischen Maßnahmen von Elternzeit, die paritätisch von beiden Teilen genommen werden kann, und die Etablierung der Vaterschaftsfreistellung (direkt nach der Geburt des Kindes), für die die Väterbewegung derzeit kämpft, tragen zaghaft Früchte. Allerdings ist es nach wie vor so, dass eher Frauen in die Familienarbeit wechseln als Männer. Liegt das aber allein an den Männern?

Wie dem auch sei: Es kann als ermutigend angesehen werden, dass viele Väter ihre Väterlichkeit aktiv gestalten wollen: Zeit mit ihrem Kind verbringen, emotional erreichbar sein für das Kind, Nähe zulassen und geben können, Gespräche suchen: alles Elemente, von denen ein „typischer" Vater vor einhundert Jahren nicht einmal zu träumen gewagt hätte.

Literaturhinweis: Walter/Eickhorst 2012, Richter/Schäfer 2020.
(Autor: Andreas Heek)

Work-Life-Balance

Vor allem Männern fällt es oftmals schwer, Berufs- und Privatleben unter einen Hut zu bringen. Das resultiert unter anderem daraus, dass sich heute noch viele Männer über ihre Arbeit definieren und der Beruf Priorität hat.

Der Begriff „Work-Life-Balance" beschreibt die Ausgewogenheit zwischen „Work" (Arbeit) und „Life" (Leben). Allerdings polarisiert er auch zwischen Arbeit und Leben, was insofern problematisch ist, da dadurch suggeriert wird, dass Arbeit nicht Teil des Lebens sei. Sie wird damit als etwas dargestellt, das nicht zum Leben gehört, es möglicherweise sogar verhindert.

Jeder Mensch muss für sich definieren, wie viel Raum er den einzelnen Lebensbereichen geben möchte, welche Konstellation der Lebensbereiche ihm ein glückliches Leben ermöglicht und ab wann er in Stresslagen gerät, weil ein Lebensbereich die anderen überlagert und sein Leben aus dem Gleichgewicht bringt.

Menschen, die im Arbeitsleben stehen, verbringen statistisch die meiste Lebenszeit bei der Arbeit. Diejenigen, die die Arbeit nicht als erfüllend, sondern belastend oder sinnentleert empfinden, können aus diesem Lebensbereich keine positive Kraft ziehen.

Denn was gemeint ist, wenn diese Balance fehlt, ist doch, dass andere Lebensbereiche wie Familie, Freunde, Sport zu kurz kommen, weil die Arbeit das gesamte Leben dominiert und nahezu das gesamte Zeitbudget vereinnahmt.

Daher sollten klare Auszeiten zur Entspannung und Erholung eingeplant werden. Nur dies schafft neue Ressourcen und Kraft.

Wichtig: Balance entsteht nicht von allein. Sie muss immer wieder neu gefunden und ausgerichtet werden. Wenn das gesamte Glück nur vom beruflichen Erfolg abhängig ist, ist das Leben fragil. Familie, Freundschaften oder Hobbies sind ebenfalls wichtig. Ein privates unterstützendes Netzwerk, Spaß machende Aktivitäten und berufliche Zufriedenheit können ein gesundes Gleichgewicht am ehesten erzeugen und stabilisieren, insbesondere wenn es im Leben zu Krisen kommt.

Literaturhinweis: Stiftung Männergesundheit 2017.
(Autor: Jürgen Döllmann)

Literaturhinweise für Interessierte

(fett = zur Einführung ins Thema geeignet)

Achenbach, Thomas (2019): Männer trauern anders. Ostfildern.

Aigner, Josef Christian (Hg.) (2016): Der andere Mann. Ein alternativer Blick auf Entwicklung, Lebenslagen und Probleme von Männern heute. Gießen.

Aldenhoff, Josef (2021): Mensch, Mann! Was ist los in Männerseelen? Freiburg im Breisgau.

Birnstein, Uwe (2013): Väter in der Bibel. 20 Portraits für unsere Zeit. Freiburg im Breisgau.

Böhnisch, Lothar (2013): Männliche Sozialisation. Eine Einführung. 2. überarb. Aufl. Weinheim, München.

Bola, JJ (2020): Sei kein Mann. Warum Männlichkeit ein Albtraum für Jungs ist. München.

Brinkschröder, Michael/Ehebrecht-Zumsande, Jens/Gräwe, Veronika/Mönkebüscher, Bernd/Werner, Gunda (Hg.) (2022): Out in Church. Für eine Kirche ohne Angst. Freiburg im Breisgau.

Bundesforum Männer (Hg.) (2015): Männer und Arbeit. Maloche war gestern. Berlin.
[https://bundesforum-maenner.de/wp-content/uploads/2019/09/BFM_A4-PDF-Brosch-Maenner_Arbeit.pdf]

Dinges, Martin (Hg.) (2020): Männlichkeiten und Care. Selbstsorge, Familiensorge, Gesellschaftssorge. Weinheim/Basel.

Doppe, Blu/Holtermann, Daniel (Hg.) (2021): Vom Scheitern, Zweifeln und Ändern. Kritische Reflexionen von Männlichkeiten. Münster.

Ehrenberg, Alain (2015): Das erschöpfte Selbst. Depression und Gesellschaft in der Gegenwart. 2., erw. Aufl. Frankfurt/New York.

Farley, Margaret A. (2014): Verdammter Sex. Für eine neue christliche Sexualmoral. 2. Aufl. Darmstadt.

Fischer, Martin (Hg.) (2014): Jesus und die Männer. Impulse aus einer Fachtagung zu theologischer Männerforschung. Wien, Berlin.

Frerichs, Jan (2018): barfuß und wild. Wege zur eigenen Spiritualität. Ostfildern.

Giese, Linus (2020): Ich bin Linus. Wie ich der Mann wurde, der ich schon immer war. Hamburg.

Goertz, Stephan (Hg.) (2015): „Wer bin ich, ihn zu verurteilen?" Homosexualität und katholische Kirche. Freiburg im Breisgau.

Gräve, Mirjam/Johannemann, Hendrik/Klein, Mara (Hg.) (2021): Katholisch und queer. Eine Einladung zum Hinsehen, Verstehen und Handeln. Paderborn.

Halva, Boris (2019): Mannsbilder. Auf der Suche nach der neuen Männlichkeit. München, Grünwald.

Hammer, Eckart (2014): Unterschätzt: Männer in der Angehörigenpflege. Was sie leisten und welche Unterstützung sie brauchen. Freiburg im Breisgau.

Hammer, Eckart (2017): Männer altern anders. Eine Gebrauchsanweisung. Neuauflage Frankfurt am Main.

Harrer, Michael E. (2013): Burnout und Achtsamkeit. Stuttgart.

Hervieu-Léger, Danièle (2004): Pilger und Konvertiten. Religion in Bewegung. Würzburg.

Humbert, Gerd u.a. (2017): gestärkt und lebendig. Rituale in der christlichen Männerarbeit. Freiburg im Breisgau: Männerreferat im erzbischöflichen Seelsorgeamt (www.maennerreferat-freiburg.de).

Kaiser, Susanne (2020): Politische Männlichkeit. Wie Incels, Fundamentalisten und Autoritäre für das Patriarchat mobilmachen. Berlin.

King, Vera/Gerisch, Benigna/Rosa, Hartmut (Hg.) (2021): Lost in Perfection. Zur Optimierung von Gesellschaft und Psyche. Frankfurt am Main.

Knieling, Reiner/Ruffing, Andreas (Hg.) (2012): Männerspezifische Bibelauslegung. Impulse für Forschung und Praxis. Göttingen.

Knieling, Reiner/Ruffing, Andreas (Hg.) (2015): Männerbeziehungen. Männerspezifische Bibelauslegung II. Göttingen.

Kruse, Andreas (2017): Lebensphase hohes Alter: Verletzlichkeit und Reife. Berlin.

Kügler, Joachim (2021): Sexualität, Macht, Religion. Zeitreisen ins Bermuda-Dreieck männlicher Existenz. Würzburg.

Lautenbacher, Benedikt/Ruffing, Andreas (Hg.) (2013): Männer Gottes. 12 Portraits aus Bibel und Tradition. Ein Jahresbegleiter. München.

Martin, James (2018): Eine Brücke bauen. Wie die katholische Kirche und schwule, lesbische, bisexuelle und trans* Menschen zu einer wertschätzenden Beziehung finden. Düsseldorf.

Martschukat, Jürgen/Stieglitz, Olaf (2018): Geschichte der Männlichkeiten. 2., aktualisierte Aufl. Frankfurt am Main/New York.

Möller-Leimkühler, Anna Maria (2018): Vom Dauerstress zur Depression. Wie Männer mir psychischen Belastungen umgehen und sie besser bewältigen können. Munderfing.

Neckel, Sighard/Wagner, Greta (Hg.) (2013): Leistung und Erschöpfung. Burnout in der Wettbewerbsgesellschaft. Frankfurt am Main.

Neumann, Wolfgang/Süfke, Björn (2004): Den Mann zur Sprache bringen. Psychotherapie mit Männern. Tübingen.

Pies, Christoph (2021): Check-up Mann. Das Praxis-Handbuch zur Männergesundheit. Stuttgart.

Prömper, Hans (2016): Vom Glück, ein Anderer zu sein. Männerbildung als Anders-Ort. In: Aigner, Josef Christian (Hg.): Der andere Mann. Ein alternativer Blick auf Entwicklung, Lebenslagen und Probleme von Männern heute. Gießen, S.189-211.

Prömper, Hans/Jansen, Mechtild M./Ruffing, Andreas (Hg.) (2012): Männer unter Druck. Ein Themenbuch. Opladen, Berlin, Toronto.

Reményi, Matthias/Schärtl, Thomas (2019): Nicht ausweichen. Theologie angesichts der Missbrauchskrise. Regensburg.

Richter, Robert/Schäfer, Eberhard (2020): Das Papa-Handbuch. Alles, was Sie wissen müssen zu Schwangerschaft, Geburt und dem ersten Jahr mit Baby. München.

Rohr, Richard (2005): Endlich Mann werden. Die Wiederentdeckung der Initiation. München.

Rohr, Richard (2006): Vom wilden Mann zum weisen Mann. München.

Rosenberg, Marshall B. (2016): Gewaltfreie Kommunikation. Eine Sprache des Lebens. 12., überarb. Aufl. Paderborn.

Schellenberger, Berhardin (Hg.) (1982): Bernhard von Clairvaux. Olten/Freiburg im Breisgau.

Schlegel, Helmut (2012): Heute, nur heute. Zehn Gebote der Gelassenheit von Johannes XXIII. Geistliche Übungen. Würzburg.

Schneebauer, Richard (2020): Männerherz. Berlin.

Schneebauer, Richard (2022): Männerschmerz. Was Männer verletzt. Berlin.

Scholz, Sylka/Heilmann, Andreas (Hg.) (2019): Caring Masculinities? Männlichkeiten in der Transformation kapitalistischer Wachstumsgesellschaften. München.

Schreiber, Gerhard (Hg.) (2019): Das Geschlecht in mir. Neurowissenschaftliche, lebensweltliche und theologische Beiträge zu Transsexualität. Berlin/Boston.

Schumacher, Hajo (2018): Männer Spagat. Wie wir mit Offenheit, Respekt und Leidenschaft die alten Rollen überwinden. Köln.

St. Jakobusbruderschaft Trier (Hg.) (2017): Abenteuer Pilgern. Ein populäres Thema interdisziplinär erforscht. Würzburg.

Stecklina, Gerd/Wienforth, Jan (Hg.) (2016): Impulse für die Jungenarbeit. Denkanstöße und Praxisbeispiele. Weinheim/Basel.

Steffensky, Fulbert (2005): Schwarzbrot-Spiritualität. Stuttgart.

Stiftung Männergesundheit (Hg.) (2017): Männergesundheit 25. Work-Life-Balance. Berlin.
[https://www.maennergesundheitsportal.de/fileadmin/user_upload/Dokumente/infomaterialien/wissensreihe/Maennergesundheit_25_-_Work-Life-Balance.pdf]

Süfke, Björn (2010): Männerseelen. Ein psychologischer Reiseführer. München.

Süfke, Björn (2016): Männer erfindet. euch. neu. Was es heute heißt, ein Mann zu sein. München.

Theunert, Markus/Luterbach, Matthias (2021): Mann sein ...!? Geschlechter reflektiert mit Jungen, Männern und Vätern arbeiten. Ein Orientierungsrahmen für Fachleute. Weinheim/Basel.

Theweleit, Klaus (2020): Männerphantasien. 2. Aufl. Berlin (Erstausgabe 1977/1978).
Thomä, Dieter (2008): Väter. Eine moderne Heldengeschichte. München.
Tippe, Sebastian (2021): Toxische Männlichkeit. Erkennen, reflektieren, verändern. Köln.
Urwin, Jack (2017): Boys don't cry. Identität, Gefühl und Männlichkeit. Hamburg.
van Scharrel, Josef (2020): Mann werden, Mann sein. Münsterschwarzach.
von Heesen, Boris (2022): Was Männer kosten. Der hohe Preis des Patriarchats. München.
von Heesen, Boris (Hg.) (2019): Männeraufbruch 2019. Jahrbuch für Männer in der Gegenwart. Darmstadt.
Wahl, Hans-Werner (2017): Die neue Psychologie des Alterns. Überraschende Erkenntnisse über unsere längste Lebensphase. München.
Walter, Heinz/Eickhorst, Andreas (Hg.) (2012): Das Väter-Handbuch. Theorie, Forschung, Praxis. Gießen.
Wüstel, Jens-Michael (2018): Männliche Depression. Warum verletzte Helden anders ticken und eigene Auswege brauchen. Mit 5-Schritte-Programm. Weinheim.

Internet-Links zum Thema Männer

Bundesforum Männer. Interessenverband für Jungen, Männer & Väter [https://bundesforum-maenner.de/]

Bundeszentrale für gesundheitliche Aufklärung (BZgA): Männergesundheitsportal [https://www.maennergesundheitsportal.de/]

Kirchliche Arbeitsstelle für Männerseelsorge und Männerarbeit in den deutschen Diözesen e. V. / Forum katholischer Männer [https://kath-maennerarbeit.de/]

Männerarbeit der Evangelischen Kirche in Deutschland [http://www.maenner-online.de/]

Männerberatungsnetz. Beratung für Jungen, Männer & Väter [https://maennerberatungsnetz.de/]

Stiftung Männergesundheit: Männergesundheitsberichte [https://www.stiftung-maennergesundheit.de/start]

Stiftung Männergesundheit: Wissensreihe Männergesundheit [https://www.stiftung-maennergesundheit.de/wissensreihe]

SKM Bundesverband e. V.: Echte Männer reden. [https://echte-männer-reden.de/]

Autoren

Prof. Dr. Dr. h. c. Josef Christian **Aigner**, Psychologe, Bildungswissenschaftler, Psychotherapeut, ehem. Leopold Franzens-Universität Innsbruck.

Stefan **Becker**, Leiter des Bereichs Verwaltung im Kindermissionswerk Die Sternsinger, ehem. Geschäftsführer der Beruf und Familie Service GmbH, Aachen.

Anselm **Bilgri**, Berater für werteorientierte Unternehmensführung, Alt-katholischer Priester im Ehrenamt, München.

Uwe **Birnstein**, ev. Dipl.-Theologe, freier Journalist und Publizist. (www.birnstein.de).

Andreas **Borter**, Reformierter Theologe und Organisationsberater, ehem. Leiter Schweizerisches Institut für Männer- und Geschlechterfragen, CH-Burgdorf.

Dr. Michael **Brinkschröder**, Kath. Theologe und Soziologe, Religionslehrer an einer Berufsschule, Co-Sprecher des Katholischen LSBT+ Komitees, Leiter der kath. Arbeitsgruppe des European Forum of LGBT Christian Groups, München.

Stephan **Buttgereit**, Generalsekretär des SKM-Bundesverbandes – Katholischer Verband für soziale Dienste in Deutschland, Präsident der Gemeinschaft katholischer Männer Deutschlands, stellvertretender Vorsitzender des Bundesforums Männer, Düsseldorf.

Norbert **Caspers**, Pastoralreferent im Ruhestand, Komponist und Musiker, Wipperfürth.

Jürgen **Döllmann**, Sozialwissenschaftler, Referent der Kirchlichen Arbeitsstelle Männerseelsorge und Männerarbeit der Deutschen Bischofskonferenz, Düsseldorf.

Dr. Johannes **zu Eltz**, Jurist und Theologe, Pfarrer der Dompfarrei St. Bartholomäus, Katholischer Stadtdekan, Domkapitular Bistum Limburg, Frankfurt am Main.

Kazim **Erdoğan**, Gründer der bundesweit ersten Selbsthilfegruppe für türkische Männer, Verein „Aufbruch Neukölln e. V." (www.aufbruch-neukoelln.de), Berlin.

Hubert **Frank**, Theologe, Diakon, Gewaltberater und Gefängnisseelsorger in der Justizvollzugsanstalt Butzbach, ehem. Männerseelsorger im Bistum Mainz.

Christophorus **Goedereis** OFMCap, kath. Priester und Kapuziner, Provinzial der Deutschen Kapuzinerprovinz, bis 2019 Leiter der Cityseelsorge an der Liebfrauenkirche, Frankfurt am Main.

Prof. Dr. Stephan **Goertz**, Lehrstuhl für Moraltheologie an der Johannes Gutenberg-Universität Mainz.

Dr. Andreas **Heek**, Theologe, Leiter der Kirchlichen Arbeitsstelle für Männerseelsorge und Männerarbeit der Deutschen Bischofskonferenz, Düsseldorf.

Boris **von Heesen**, Wirtschaftswissenschaftler, Männerberater und geschäftsführender Vorstand eines Jugendhilfeträgers, Darmstadt

Christoph **Hefter**, Richter, Vorsitzender Hessische St. Jakobusgesellschaft, Frankfurt am Main.

Fredy **Henning**, Pfarrer, Evangelisches Pfarramt Bad Soden-Salmünster, Evangelische Kirche von Kurhessen-Waldeck.

Dr. Martin **Hochholzer**, Referent in der Katholischen Arbeitsstelle für missionarische Pastoral (KAMP), Erfurt.

Dr. Markus **Hofer**, Theologe und Kunsthistoriker, Fachstelle Glaubensästhetik – erlebnis.kirchenraum der Katholischen Kirche Vorarlberg, A-Götzis.

Klaus **Hofmeister**, Theologe, Redakteur und Moderator, Redaktion Kirche und Gesellschaft beim Hessischen Rundfunk, Frankfurt am Main.

Thomas **Hölscher,** Therapeut und Leiter der Jugendhilfeeinrichtung Haus Narnia, Bordesholm-Wattenbek.

Rüdiger **Jähne**, Sozialarbeiter, Referent für Jungen- und Männerarbeit beim SKM Bundesverband, Düsseldorf.

Gerhard **Kahl**, Theologe und Sozialpädagoge, Diakon, Männerseelsorger im Bistum Augsburg.

Dr. Reiner **Knieling**, ev. Pfarrer, Leiter des Gemeindekollegs der Vereinigten Evangelisch-Lutherischen Kirche Deutschlands

(VELKD), Privatdozent für Praktische Theologie an der Kirchlichen Hochschule Wuppertal/Bethel, Neudietendorf.

Karl-Heinz **Kohn**, Sozialarbeiter, Frankfurt am Main.

Tilman **Kugler**, Theologe und Pädagoge, Referent in der Männer-, Familien- und Erwachsenenbildung Rottenburg-Stuttgart, Stuttgart

Jürgen **Kura**, Journalist, Gründungs-„Vater“ des Vereins „Väter in Köln e. V.“, Köln.

Dr. Ulrich **Kuther**, Theologe und Stiftungsmanager (DSA), Leiter der Inlandsarbeit einer gemeinnützigen Stiftung, Vorsitzender LAG Väterarbeit Hessen, Bensheim.

Hartmut **Meesmann**, Rentner, von Beruf Journalist, Wiesbaden.

Florian **Meier**, Pastoralreferent der Diözese Würzburg, Diözesanlandjugendseelsorger der KLJB, Bergtheim.

Klaus **Mertes** SJ, Jesuit, Superior der Jesuitenkommunität in Berlin-Charlottenburg, 1994–2011 Canisius-Kolleg in Berlin, 2011–2020 Jesuitenkolleg in St. Blasien, Berlin.

Herbert **Meyer**, Physiotherapeut, Alfter.

Prof.em. Dr. Dietmar **Mieth**, ehem. Professor für Theologische Ethik an der Universität Tübingen.

Dr. Peter **Modler**, Theologe, Unternehmensberater, Lehrbeauftragter an der Universität Freiburg i. Br., Autor (www.drmodler.de).

Dr. Wunibald **Müller**, Theologe und Psychotherapeut, ehem. Leiter des Recollectiohauses der Abtei Münsterschwarzach.

Sebastian **Mutke**, Diplomtheologe und Sozialarbeiter, Referent für Männer- und Väterarbeit & Singlepastoral im Bistum Osnabrück, Wallenhorst.

Ludger **Nikorowitsch**, Theologe, Pastoralreferent, Militär- und Krankenhausseelsorger in Appen und am Bundeswehrkrankenhaus Hamburg.

Günter **Oberthür**, Dipl. Theologe, Coach (DGfC), Trauerbegleiter (BVT), Männerreferent und Krankenhausseelsorger im Bistum Osnabrück.

Werner **Portugall**, Gemeindepfarrer und Dekan, Pfarrei St. Jakobus, (Mit-)Veranstalter Männerpilgern und Pilgerbörse Vamonos, Frankfurt am Main.

Dr. Hans **Prömper**, Pädagoge und Theologe, Erwachsenenbildner im Ruhestand, Offenbach.

Martin **Prömper**, Agrarwissenschaftler, Musiker und Gitarrenlehrer, Sankt Peter/Südschwarzwald (https://martino.website/).

Andreas **Robin**, Krankenhausseelsorger Euregio-Klinik Nordhorn, Gemeindereferent in der Stadtpfarrei St. Augustinus, Nordhorn.

Michael **Rodiger-Leupolz**, Dipl. Theologe, Stellvertretender Referatsleiter Frauen-Männer-Gender in der Erzdiözese Freiburg, Freiburg im Breisgau.

Markus **Roentgen**, Theologe, Referent für Spiritualität und Exerzitien im Erzbistum Köln, Abteilung Erwachsenenseelsorge, Köln.

Dr. Andreas **Ruffing**, Theologe, Dezernent Diakonische Seelsorge im Bischöflichen Generalvikariat Fulda, ehem. Leiter der kirchlichen Arbeitsstelle für Männerseelsorge, Fulda.

Br. Josef van **Scharrel,** Benediktiner, Leiter der Männerarbeit Haus Raphael im Kloster Nütschau (www.kloster-nuetschau.de).

Erzbischof Dr. Ludwig **Schick**, Bischof von Bamberg, Vorsitzender der Kommission Weltkirche der Deutschen Bischofskonferenz, Beauftragter der Deutschen Bischofskonferenz für die Männerseelsorge.

Helmut **Schlegel** OFM, Priester und Franziskaner, Franziskanisches Zentrum für Stille und Begegnung (Exerzitienhaus) in Hofheim am Taunus, ehem. Leiter „Heilig Kreuz – Zentrum für christliche Meditation und Spiritualität“ in Frankfurt-Bornheim, Hofheim.

Bernd **Schlüter**, Pastor, Seelsorger in der Ev.-Luth. Diakonissenanstalt Alten Eichen, Hamburg.

Klaus **Schmitz**, Erzieher, Trauerbegleiter und Männer- und Gewaltberater beim Sozialdienst Katholischer Männer in Köln.

Mag. Wolfgang **Schönleitner**, Theologe, Abteilungsleiter der Katholischen Männerbewegung Österreich.

Christoph **Simonsen**, Priester des Bistums Aachen, Pfarrer an der City-Kirche Mönchengladbach.

Dr. Matthias **Stiehler**, Theologe, Erziehungswissenschaftler, Psychologischer Berater und Autor, Dresdner Institut für Erwachsenenbildung und Gesundheitswissenschaft e. V., Dresden.

Br. Paulus **Terwitte** OfmCap, Kapuzinermönch, geschäftsführender Vorstand der Franziskustreff-Stiftung und Seelsorger im City-Kloster Liebfrauen, Frankfurt (www.bruderpaulus.de).

Wilfried **Vogelmann**, 1958-2017, Theologe, ehem. Männerreferent der Diözese Rottenburg Stuttgart, Simmozheim (Erinnerungsseite im Internet: www.wilfriedvogelmann.de).

Christoph **Walser**, Theologe MA, Coach ZiS, je teilzeitlich in Pfarramt, Männerarbeit und Burnout-Prävention (www.timeout-statt-burnout.ch).

Jonas **Weinzierl,** katholischer Theologe, Trauerbegleiter, Exerzitien- und Geistlicher Begleiter, Transmann. Fachreferent für Exerzitien, München.

Wilfried **Weiss**, Direktor Fondsbuchhaltung einer Kapitalverwaltungsgesellschaft, Frankfurt am Main.

Prof. Dr. Ansgar **Wucherpfennig** SJ, Jesuit, Professor für Exegese des Neuen Testaments, Hochschule Sankt Georgen, Frankfurt am Main.

Martin **Zimmer**, Geschäftsführer beim Verband Katholischer Männergemeinschaften, Hildesheim, seit Juni 2022 Krankenhausseelsorger im Bistum Hildesheim.

Herausgeber

Jürgen Döllmann, Jg. 1965, hat in Hannover Sozialwissenschaften studiert. Er war fünf Jahre in Koblenz, Osnabrück und Bremen in berufspraktischen Integrationsmaßnahmen für verschiedene Zielgruppen (Langzeitarbeitslose, Aussiedler) tätig. Dort ging es neben der Vermittlung in Arbeit und Ausbildung auch um die Arbeit an Hemmnissen einer Berufsaufnahme, gerade bei Männern, die teilweise mehr als 10 Jahre nicht mehr erwerbstätig waren. Danach war er von 2000 – 2015 beim Kolpingwerk Deutschland als Referent für Jugendberufshilfe (Übergang Schule-Beruf) und berufliche Bildung beschäftigt. Haupttätigkeit war die Anwaltschaft und Lobbyarbeit für junge Menschen. Seit September 2015 arbeitet er als Referent bei der Arbeitsstelle für Männerseelsorge und Männerarbeit der deutschen Bischofskonferenz, zunächst in Fulda und seit Anfang 2016 in Düsseldorf. Bei seiner Arbeit interessiert ihn vor allem die geschlechtergerechte Gestaltung der Gesellschaft und die verschiedenen Formen von Männlichkeit vor dem Hintergrund gesellschaftlicher Änderungen.

Dr. Andreas Heek, Jg. 1967, hat bis 1994 Theologie studiert, war danach zunächst Pastoralreferent im Erzbistum Köln. Von 2002-2016 arbeitete er als theologischer Fachreferent im Erzbischöflichen Generalvikariat in Köln, davon 10 Jahre als Männerreferent. Nach den Zusatzabschlüssen zum Ehe-, Familien- und Lebensberater und 2014 der Promotion in Pastoraltheologie zum Thema „Väter behinderter Kinder. Eine pastoraltheologische Studie im Zusammenhang von Krise und Bewältigung" leitet er seit 2016 die Arbeitsstelle Männerseelsorge und Männerarbeit in den deutschen Diözesen e. V. Als Männerseelsorger interessiert ihn die Befreiung des Denkens aus stereotypen Männerbildern und die Begleitung von Männern zur Entwicklung ihres ganz persönlichen Mannseins. Als Theologe forscht er zu der Frage, was Glaube ist, wie er entsteht und wie er in pluraler Gesellschaft erkenn- und besprechbar wird.

Dr. Hans Prömper, Jg. 1950, ist Diplom-Pädagoge und Theologe (Dr. phil.). Er war von 1977 bis 1999 Bildungsreferent und Lehrbeauftragter an der Fachhochschule Frankfurt, von 1999 bis 2016 Leiter der Katholischen Erwachsenenbildung Frankfurt. Erste Erfahrungen mit Männergruppen und Männerseminaren machte er Anfang der 80er, was ihn zum Thema seiner Promotion „Emanzipatorische Männerbildung“ führte. Seit 2016 im aktiven Unruhestand, lehrt er Soziale Gerontologie an der Universität des 3. Lebensalters Frankfurt. Er leitet Seminare und arbeitet in Projekten, veröffentlicht in den Feldern Erwachsenen- und Männerbildung, Männerspiritualität sowie Kultur und Altern. Wichtig ist ihm die Verbindung von Wissenschaft und Forschung mit praktischer Erwachsenenbildung. Bürgerschaftlich engagiert er sich in verschiedenen Organisationen und Fachgruppen: Bundesforum Männer, Forum katholischer Männer, BAGSO Bundesarbeitsgemeinschaft der Seniorenorganisationen, Hessische St. Jakobusgesellschaft. Ihn treibt die Frage: Was ist gutes Leben für Männer?

Anmerkungsverzeichnis

1 https://www.youtube.com/watch?v=LTe_Fi6MgsE (Stand: 12.07.2022).
2 Zitate aus Richard Rohr, Das Wahre Selbst – werden wer wir wirklich sind, Freiburg im Breisgau 2013.
3 Nazim Hikmet, Leben! Einzeln und frei wie ein Baum und brüderlich wie ein Wald. Gedichte, Hamburg 1983.
4 Frei nach Claudia Minden Weiz, And God Said No, http://www.anointed-links.com/god_said_no.html (Stand: 12.07.2022).
5 Die Zitate von Angelus Silesius (1624–1677) finden sich in Cherubinischer Wandersmann, Stuttgart 2012.
6 Paulo Coelho, Handbuch des Kriegers des Lichtes, Zürich 2006, S. 72.
7 Eugen Roth, Allzu eifrig, in: Sämtliche Werke, Erster Band. Heitere Verse, Berlin, Darmstadt, Wien 1977, S. 166.
8 Rabindranath Tagore, Zitiert in: Te Deum. Das Stundengebet im Alltag; Benediktinerabtei Maria Laach/Verlag Katholisches Bibelwerk (Hg.), August 2017, Stuttgart 2015, S. 233
9 Philippe-Emmanuel Rausis, Das Mysterium bewohnen. Initiatische Wege gegen Verwaisung der Welt, Würzburg 2017, S. 116.
10 Textauszüge aus: Bernhard von Clairvaux, Herausgegeben, eingeleitet und übersetzt von Bernardin Schellenberger, Olten u. Freiburg im Breisgau 1982, S. 73–77.
11 Formulierungen des Autors in Anlehnung an: Fulbert Steffensky, Schwarzbrot-Spiritualität, Stuttgart 2006, S. 20–22.
12 Texte aus: Berhardin Schellenberger, Bernhard von Clairvaux; Fulbert Steffensky, Schwarzbrot-Spiritualität.
13 Marianne Williamson, Rückkehr zur Liebe © 1993 Arkana Verlag, München, in der Penguin Random House Verlagsgruppe GmbH, Übersetzung: Susanne Kahn-Ackermann
14 Christian Leven, 100 Gebete, die das Leben verändern, Stuttgart 2005, S. 32.
15 Siegfried Gohr, Ich suche nicht, ich finde. Pablo Picasso. Leben und Werk, Köln 2006.
16 Hilde Domin, Sämtliche Gedichte, Frankfurt am Main 2009, S. 47.
17 Zitiert nach Robert Gernhardt, Gesammelte Gedichte 1954–2006, Frankfurt am Main 2008, S. 903.
18 Johannes Paul II., Gebet am Karfreitag, in: Gebete zur Zeit, Graz/Wien/Köln 1994, S. 47, © Dicastero per la Comunicazione-Libreria Editrice Vaticana.
19 Zu den folgenden Zitaten Meister Eckharts siehe Die Deutschen Werke, Bd. 5: Traktate, Stuttgart 1987.
20 Bernhard von Clairvaux (1992): Brief 106. An den Magister Heinrich Murdach. In: Ders., Sämtliche Werke lateinisch/deutsch in 10 Bänden, Bd. 2, Innsbruck (Tyrolia), S. 773 f.

21 David Foster Wallace, Das hier ist Wasser. Übers. von Ulrich Blumenbach, Köln 2012.

22 Simone de Beauvoir, Alle Menschen sind sterblich, Reinbek bei Hamburg 1987.

23 Ebd. S. 307.

24 Aus: Paul M. Zulehner, Werden, was ich bin. Ein spirituelles Lesebuch, Ostfildern 2008, S. 130.

25 Rainer Maria Rilke, Du meine heilig Einsamkeit, in: Erste Gedichte, Leipzig 1913.)

26 Aus dem Lied „Manchmal feiern wir mitten im Tag“: Gotteslob, katholisches Gebet- und Gesangbuch, Lied Nr. 472, Freiburg im Breisgau 2013.

27 Vgl. etwa Joachim Fuchsberger, Altwerden ist nichts für Feiglinge, München [13]2014.